U0011873

朝聖尼泊爾

走入蓮師祕境努日

堪布札西徹令仁波切◎朝聖策畫
郭怡青◎文字　李後良◎攝影

目錄

供養支

尼泊爾的蓮師聖地 45

懺悔支

步行努日的意義 65

【序言】

爲什麼要到尼泊爾朝聖

堪布札西徹令仁波切口述

一般說到佛教聖地，大家首先可能會想到釋迦牟尼佛三轉法輪的印度，或是蓮華生大士弘法的藏地，其實自古以來，位於兩地之間的尼泊爾，也是極爲殊勝的佛教聖地，與佛陀、蓮師以及三族姓尊的連結尤其深厚。

昔日西藏有一種說法，藏地的贊普是四臂觀音的化身、漢地的皇帝是文殊菩薩的化身、尼泊爾的國王是金剛手菩薩的化身，三族姓尊分別代表大悲、大智及大力，由此可見尼泊爾在佛教史上的重要性。此外，原始七佛之一的迦葉佛，以及大家的心靈導師釋迦牟尼佛，也都是出生在今日的尼泊爾境內。

也許有人會說，在佛陀的年代，他的降生地藍毗尼（Lumbini）是屬於古印度的一個王國，但其實今日的印度本身，也是一個承載著古老文明的新興國家。國土疆界是人劃出來的，所以它有可能隨著時局而改變，但地理位置本身不會移動，從今日的世界版圖來說，佛陀確實是降生在尼泊爾境內。

歷史上有三尊名聲響亮的釋迦牟尼等身佛，分別是八歲、十二歲、十六歲的等身佛像，其中十二歲的等身佛，就供奉在尼泊爾帕坦（Patan）古城的魯德拉瓦納寺（Rudravarna Mahavihar）裡。在帕坦附近有一座釋迦山，迄今居住著釋迦種姓的人，因此長久以來帕坦古城一直以鑄造佛像聞名，可以做出上等的釋迦牟尼佛像。

我出生在尼泊爾中北部一個名爲努日的蓮師聖地，也許是因爲這個緣故，讓我自幼就有一種要盡己所能去弘揚佛法的使命感。尼泊爾有許多殊勝的佛教聖地，特別是蓮師的聖地，大家也許曾在某些經典或《蓮師傳》裡讀過，但我發現許多人其實對於這些聖地沒有很清楚，所以一直希望能夠做一本關於尼泊爾朝聖的書。

蓮師調伏鬼神

大家都知道，當年蓮師是經由尼泊爾入藏，不過蓮師不是順道前來而已，在赤松德贊王命使者去迎請蓮師之前，蓮師就已經在尼泊爾閉關了。

蓮師爲什麼要來尼泊爾？主要是因爲當時尼泊爾受到原始信仰的影響，殺生祭祀的情況非常氾濫，經常血流成河，對當地生靈造成極大的傷害，蓮師覺得有必要先調伏整個喜馬拉雅地區的鬼魔，像是普巴金剛的十二護法，以及十二地母、二十一優婆塞等，他們昔日都是居住在尼泊爾、西藏交界處的兇猛鬼神，在蓮師的一一調伏下，立下誓約來守護佛法。

佛教不允許殺生供佛，雖然有些鬼神需要以血肉來祭祀，但在蓮師的恩德下，他們接受以印製成動物圖形的糌粑來做象徵性的供養。這種情況就像是台灣的素食裡不是也有素雞、素魚、素肉嗎？吃素就吃素，爲什麼還要做成肉的樣子？這是因爲大家已經吃肉吃慣了，才會需藉由這種方法來幫助一些人吃素。

大家看新聞就知道，尼泊爾有些地方，直到近幾年，動物祭祀的情況都還很嚴重，能否想像如果當年蓮師沒有前來，現在會是什麼樣子？

同樣的，如果蓮師當年沒有去西藏，西藏也不可能會有佛法，因爲當地的鬼神實在過於殘暴兇猛，既便是像寂護大師這樣的大菩薩也沒有辦法調伏，爲什麼呢？因爲寂護菩薩畢竟是胎生，而蓮師卻是化生，因此這些鬼神無法傷害到化生的蓮師。

了解世間神與出世間佛的差異

「怎麼可能會有人是從蓮花中生出來，而且一出生就是八歲的模樣？」

在現代這個科技發達、凡事講求科學佐證的年代，難免有人會如此質疑，甚至認爲整個喜馬拉雅地區的歷史都交織著神話。其實在過去的年代，人們的確比較容易親見諸佛菩薩的化身，因爲當時天地之間的五大還很平衡，人們心中的雜念也很少。

反觀今日，社會富庶的背後，是全球不斷地開採，導致大地的精華衰退，人心也越變越複雜。儘管現在的科學家能夠透過一些儀器和數據去辯證一些現象，但他們仍然無法了悟世間的一切實相。就像最近襲捲全球的新冠病毒，最初的源頭究竟是什麼，至今依然是個謎，也許很快就會有答案，也許最後成爲羅生門。人們希望凡事皆有合理的科學解釋，但無論科學再怎麼發達，還是有許多超乎人類智慧所能理解的事，只有登地菩薩以上，才能見得一切萬法現象的實相。

蓮師是整個喜馬拉雅地區的第二佛陀，如果沒有他，這裡就不會有佛法，而佛法的傳入，爲當地帶來安樂與和平。時至今日，尼泊爾的佛教發展狀況都還十分良好，尼泊爾人也很尊重佛教徒。

儘管整體來說，今日尼泊爾的信仰是以印度教爲主流，但在這個年代，印度教與佛教的關係其實很密切，像大自在天、象鼻財神等印度教所崇奉的天神，在佛教也都被視爲護法。同時，有許多蓮師聖地，也被印度教徒視爲濕婆聖地，有些人甚至認爲兩者之間大同小異、沒有什麼差別。

從外相看起來，佛教與印度教確實好像都是在「修法拜神」，但你如果眞正了解佛法，就會知道，兩者之間的差異其實非常大。印度教所供奉的是世間神，儘管佛教也承認世間神明，但他們並不是我們要皈依的究竟對象，爲什麼呢？因爲我們學佛，最終目的是要從輪迴中解脫。儘管世間神能夠帶給你暫時的利益，卻沒辦法幫助你解脫成佛，所以我們眞正要皈依的是超世間的佛，兩者之間最大的差異在於空性：外道徒認爲有一個不變的本質者，而我們則主張一切現象沒有不變的本質者。

如果你不了解這其中的差異，只是把蓮師當成一般的世間神來看待，功德利益當然也就只有祭拜一般世間神的功德利益。所以朝聖的動機非常重要，你要了解諸佛菩薩的慈悲，並以利他之心來朝聖。

留給後世的美好

從前有位智者說，我們既然來到這個世間，總要爲它留下一些貢獻。例如密勒日巴尊者，他示範了一世解脫。龍欽巴尊者寫了《七寶藏》、《三休息論》等，把這些顯密教法的精華都記錄下來。每個人的能力不一樣，在不同的時代需要做不同的事，但你總要爲這個世間留下一點東西，否則就白來了。

我也是本著這樣的想法，創辦寺院、學校，以這樣的方式來貢獻給這個世界。生於二十一世紀的我們，需要想的是，我們能夠分享什麼樣的美好給下一個世代？二十二世紀的人是否善良，取決於二十一世紀的人，而我個人尤其重視教育，因爲我覺得良好的教育是維護世界和平的重要因素。

我會選擇在尼泊爾創辦寺院和學校，是因爲我的國籍是尼泊爾，所以在尼泊爾做事情比較方便。但我希望能夠利益的對象是不分民族或國籍，只要是在我能力範圍幫得上的人，我都希望能夠幫助。也正因如此，我才會發起想做一本關於尼泊爾朝聖之書的念頭，希望能夠爲後世起一個良好的示範作用。

例如赤松德贊王爲什麼會弘揚佛法？據說起初是他在閱讀歷史的時候，得知自己的祖先是松贊干布，心想既然我的祖先信奉佛法，那我也應該要信奉佛法。當時苯教的勢力仍然十分強大，但他卻藉由閱讀而對佛法生起無比信心，成爲日後興盛佛法的護法君王。

其實不只是尼泊爾，我希望大家無論是在任何聖地，都能眞正認識那個地方的文化和偉大之處。如果是佛教徒，可以參考我的建議，以佛教徒的方式去朝聖。如果是一般的遊客，也可以藉由這本書，做爲認識佛教文化的旅遊指南。

【楔子】

喜馬拉雅山裡的沙壇城

那一天的天空晴空萬里，走過大雪紛飛的寒冬，儘管傲然聳立在海拔八千多公尺處的馬納斯盧（Manaslu）雪山依然白雪覆蓋，春天的腳步已經悄悄來到山谷裡的高原。

位於加德滿都西北、海拔約三千多公尺處的努日（Nubri），有一間坐落在山丘上的藏傳寺院，豔陽高照的中午，身穿紅袍的喇嘛們正在齋堂裡用餐，突然一陣地轉天旋，還來不及知道發生什麼事，地板已經龜裂、寮房也猶如骨牌效應般地倒塌了。

二〇一五年四月二十五日，當尼泊爾發生芮氏七點九級的大地震時，我正巧在鄰國不丹的首都廷布（Thimpu），因此也感受到了地牛翻身，只是廷布的震度只有四級左右，當時完全沒有想到就在此時此刻，位於數百公里外的尼泊爾境內已經陷入一片倒塌，最接近天際的珠穆朗瑪峰也發生了大雪崩。而在眾多災區當中，包括一處名爲努日的蓮師聖地，災情最嚴重的是一座位於山上的寺院，上下左右的強烈晃動讓寺院在瞬間變成廢墟，近百名小喇嘛也因此喪失棲身之處。

蓮華生大士是將佛法傳入藏地的第二佛陀，相傳他在離開雪域之前，在各地存封了許多稱爲「伏藏」的珍貴教法，待日後因緣成熟時由後世的取藏師取出，而坐落在馬納斯盧山麓上的努日，正是蓮師授記的四大秘境之一。這個偏僻的山區昔日隸屬藏地，居民多爲藏族後裔，不僅世代信奉佛法，並曾有許多大成就者來此閉關，大方廣佛學講修學苑的住持堪布札西徹令仁波切也是來自努日。

札西堪布是印度南卓林寺第一屆陞座的五大堪布之一，二〇〇〇年他在依怙主　貝諾法王的指示下，於故鄉努日興建了寧瑪派白玉傳承分寺：前譯白玉祥秋達吉林（菩提增廣洲）。由於努日的地理環境艱辛、生活條件有限，寺院的小喇嘛大多來自窮困人家，有些孩子甚至是舉目無親的孤兒，因此這座高山上的寺院對他們來說不僅是世俗中的避風港，更是通往菩提路上的要道，可是這場無情的地震卻在短短幾秒鐘內摧毀了堪布與全體僧眾多年來的努力。

山頂建寺，給偏鄉孩子們一個機會

「妳看，房子全倒了！還好地震發生的時候，剛好是午休時間，許多小喇嘛都在外面玩，只有一名孩子不幸罹難。」那一年我從不丹返台之後，大方廣佛學講修苑的義工佳緣師姊滑著手機裡的照片給我看。

看著照片裡那曾經莊嚴的寺院變成一片零亂不堪的廢墟，那種震撼感猶如望著一幅精心製作的沙壇城被摧毀的瞬間。不同的是，沙壇城的刻意毀滅，是爲了提醒我們世事無常，然而當無常眞正降臨時，當事人所面臨的種種衝擊，卻往往不是一句世事無常就能一筆帶過。對於受災戶而言，地震的恐懼往往在事隔多年以後依然歷歷在目，重建是條漫漫長路，而他們所受的心靈創傷更是不在話下。

但也正是因爲這場地震，讓我和隱藏在山谷裡的努日結下了因緣。過去我只知道札西堪布在尼泊爾偏鄉建寺、照顧山上的小喇嘛，但我並不清楚當地的情況，更不瞭解要在高山上建一間具有規模的寺院是何等艱辛的任務。

被重重山嶽包圍的努日堪稱與世隔絕，即便是在二十一世紀的今日，世界許多角落都已邁進高科技的年代，努日卻彷彿時空停格般地停留在相對原始的生活環境裡，想要入山只有兩種方式：第一種方式是憑著雙腳、一步一腳印地翻越重重山嶺，腳程快的人也許四、五天就能抵達，如果慢慢走的話，則要一個星期才到達得了。倘若口袋夠深的話，還有另一種方式就是從加德滿都搭乘直升機上山。不過儘管飛行時間僅需二、三十分，省時又輕鬆，但由於直升機的數量有限，再加上包機的費用昂貴，以五、六人座的小台直升機爲例，光是單程費用就要莫約十五萬尼泊爾盧比（費用會因季節而有所浮動），所以對於大部分的居民而言是奢華的選項。可想而知，在這樣的條件之下，山上的資源十分有限，許多物資都必須靠驢隊駝上山去，要建造一座寺院是何等浩大的工程！

既然如此，札西堪布爲什麼還要大費周章地在山上建寺呢？

「努日的環境封閉，家裡很需要人力，過去村民不懂得教育的重要，會將孩子們留在家中幫忙，可是人身難得，如果沒讓他們學佛或讀書，豈不是白白浪費了這個寶貴的人身？」札西堪布說，他除了希望能改善努日的生活環境，讓佛法能夠在蓮師的聖地永續下去，更希望能夠給偏鄉的孩子一個接受教育的機會，因此他才會在二〇一五年又在加德滿都以西約兩公里處的羌札格日（Chandragiri）地區設立了以佛學爲底蘊的前譯紀念學校（Ngagyur Memorial School），免費提供給家境困苦的孩子們寄宿就讀。

走入蓮師聖地

不過無論是興建寺院還是創辦學校都不是件容易的事，札西堪布不僅要勸說村民讓孩子們去讀書，還要四處奔波對外募款，然而就在堪布的宏願逐漸走上軌道的時候，卻又迅雷不及掩耳地遇到了來自大地之母的考驗。

地震發生後，失去住所的喇嘛們只能暫時棲身在臨時搭建的簡陋帳篷裡，生活條件十分刻苦，因此堪布將年紀較幼的小喇嘛們遷居到同年落成的學校裡寄宿，讓他們先接受現代教育。

前譯紀念學校的學生們大多來自努日，地牛大翻身之後，由於努日的災情十分慘重，再加上返鄉的路途遙遠，因此他們已經有三年不曾回家，直到二〇一八年堪布決定帶著高年級的孩子們一起走路回家，一方面是讓他們能夠和許久未見的家人團聚，另一方面是想帶他們去巡禮蓮師聖地，讓他們更加瞭解自己的文化。

同時，堪布也希望能夠藉此機緣，讓更多華語地區的佛教徒深入認識尼泊爾的佛教聖地，尤其是對於金剛乘最爲殊勝的蓮師聖地，以及朝聖的意義。

自古以來，尼泊爾就是佛教文化的重鎮，除了佛陀的誕生地藍毗尼之外，尼泊爾還有哪些佛教徒必訪的聖地？朝聖與旅遊有什麼差別？到不同的聖地，可以做什麼樣供養或祈請？特別是堪布的故鄉努日，儘管在過去的三十年已經成爲馬納斯盧健行路線的一個景點，不過上山的遊客主要是沒有佛教背景的歐美背包客，外界對於當地的蓮師聖地仍然相當陌生，因此堪布希望透過文字和影像，讓大家能夠更加認識努日。

感謝堪布在不曾和我及攝影師後良共事過的情況下，大膽地讓我們參與了這個計畫，動作敏捷、認眞負責的後良，是百分之百的絕佳人選；然而讓我隨行，無疑是個大冒險。聽說在出發之前，就有不少人關心地去問堪布，「那個書師姊那麼瘦小，眞的可以嗎？」儘管在這次同行的台灣成員當中，我算是相對年輕，但是說來慚愧，我其實是個「傲孝廉」，怕冷程度異於常人，平時在台灣，到五月都還在蓋毛毯！而且我的肌力不足、腳踝和骨盆也都帶著舊傷，這次的任務如果沒有後良的協助，是絕對無法順利完成的。所幸後良來到努日山區，就猶如回到家中一般地自在，可以揹著沉重的攝影器材在崎嶇的山林裡跑來跑去，就連堪布也覺得他簡直就是個藏人！

其實在來努日之前，也有許多朋友勸我不要不自量力，還好我天性樂觀少根筋，就像塔羅牌裡的愚者，有夢就追，不會多想。但我始終相信，蓮師會加持。或許從某個層面來說，這也算是個勵志的故事吧！儘管沿路中發生了許多難忘的體驗，我的腳也確實走到膝蓋受傷，有一度連走平路都極爲困難，但我想連我這種三腳貓都能走到努日了，相信只要有心都能做得到。前往努日的路途雖然辛苦，但是有幸能夠跟隨札西堪布朝聖，沿路聽他開示聖地的故事，更深刻感受到歷代上師的偉大，以及佛法的殊勝。

在六度波羅蜜當中，首要是佈施，在我一度打算封筆退隱時，同樣也是努日出身的大圓滿上師措尼仁波切對我說：「護持佛法的方式有許多，我們應該依照自己的專長與能力來供養。」過去我沒有寫過關於佛法的書，但仁波切的一席話，給了我以文字做爲供養的勇氣。

因此，本書謹以源自於《普賢行願品》偈頌的七支供養來分章節，供養給策劃了這次努日朝聖之旅的札西堪布。

同時，也供養給鼓勵我以文字護持佛法的措尼仁波切、從旁協助的巴桑滇津堪布、一切具德上師以及諸佛菩薩，願有緣翻閱此書的人，皆能種下金剛種子，早日證得菩提道果。

【頂禮支】

朝聖，從三大佛塔開始

坐落在市區裡的滿願塔，是佛法興盛的象徵，金頂上的佛眼，是尼泊爾佛塔的特色。

莫約在兩千多年前，古印度有位王子在眾人的期盼與祝福下，誕生於今日的尼泊爾境內，備受寵愛的他身繫世間權勢於一身，然而他卻毅然決然地捨棄一切榮華富貴，只爲追求超越世俗的眞理。在這個漫長的過程當中，他嘗試過許多方法，也經歷過許多失敗，最後終於破除了一切煩惱，超越生死輪迴，成爲後世口中的佛陀。

說到尼泊爾的佛教聖地，最知名的莫過於坐落在西南部特萊（Terai）平原上的藍毗尼，相傳在兩千五百多年前，佛陀就是降生於此。關於佛陀的生年，南北傳承迄今持有不同的看法，儘管在一九五〇年於斯里蘭卡舉行的首屆「世界佛教徒友誼會」中，已決議將他的生日以公曆訂在五月的月圓之日，也就是衛塞節，但藏傳佛教仍依照藏曆的四月七日或十五日慶祝，而北傳佛教也以農曆四月初八作爲浴佛節（惟日本在明治維新後改爲公曆此日）。

無論世界各地的佛教徒是如何慶祝佛陀的生日，他降生在寧靜的藍毗尼園是大家所公認，十九世紀末的考古學家在參照了東晉法顯大師的《佛國記》以及唐朝玄奘法師的《大唐西域記》之後，發現了佛陀降生地的遺址。

藍毗尼距離首都加德滿都約三百公里，但只要再往南行約二十八公里，就會來到印度的交界。在佛陀的時代，藍毗尼位於古印度的迦毘羅衛國與拘利國之間，而今這個邊境地區，是佛陀八大聖地當中唯一落在印度境外的地方，因此許多朝聖者在巡禮佛陀聖地時，會選擇從印度跨越國境前來藍毗尼，畢竟如果你想尋訪佛陀的足跡，八大聖地一起巡禮會比較完整。

由於坊間已有許多關於佛陀聖地的書籍，在此請容我將時空快轉到八世紀，在古印度西北方的鄔金國（今巴基斯坦、阿富汗地區），又出現了一位捨棄王位的瑜伽士，他在前往西藏之前，曾到尼泊爾閉關，並且被喜馬拉雅地區的信徒視為第二佛陀。

坐落在喜馬拉雅山脈中段的尼泊爾，位處於印度與中國大陸之間，是佛教藏傳的重要路線，自古以來成就了許多修行人。儘管隨著時代的變遷，佛教已在發源地式微，而印度教也成為尼泊爾的主流宗教，然而金剛乘佛教的法脈傳承不曾中斷，尤其是在加德滿都谷地，處處流傳著蓮華生大士的傳奇。

許多前來朝聖的遊客下了飛機之後，不一定會進加德滿都市區，而是直奔距離機場僅約二十分鐘車程的寶達（Boudha），原來這裡有一座覆缽式半圓形的金頂白塔，是尼泊爾藏裔的大本營，每日前來轉經繞塔、做大禮拜的信徒絡繹不絕，尤其是在清晨以及傍晚的時段，更是門庭若市。

所有十方世界中，三世一切人師子，我以清淨身語意，一切遍禮盡無餘。
普賢行願威神力，普現一切如來前，一身復現剎塵身，一一遍禮剎塵佛。

尼泊爾聖地圖

（繪圖／Sonia）

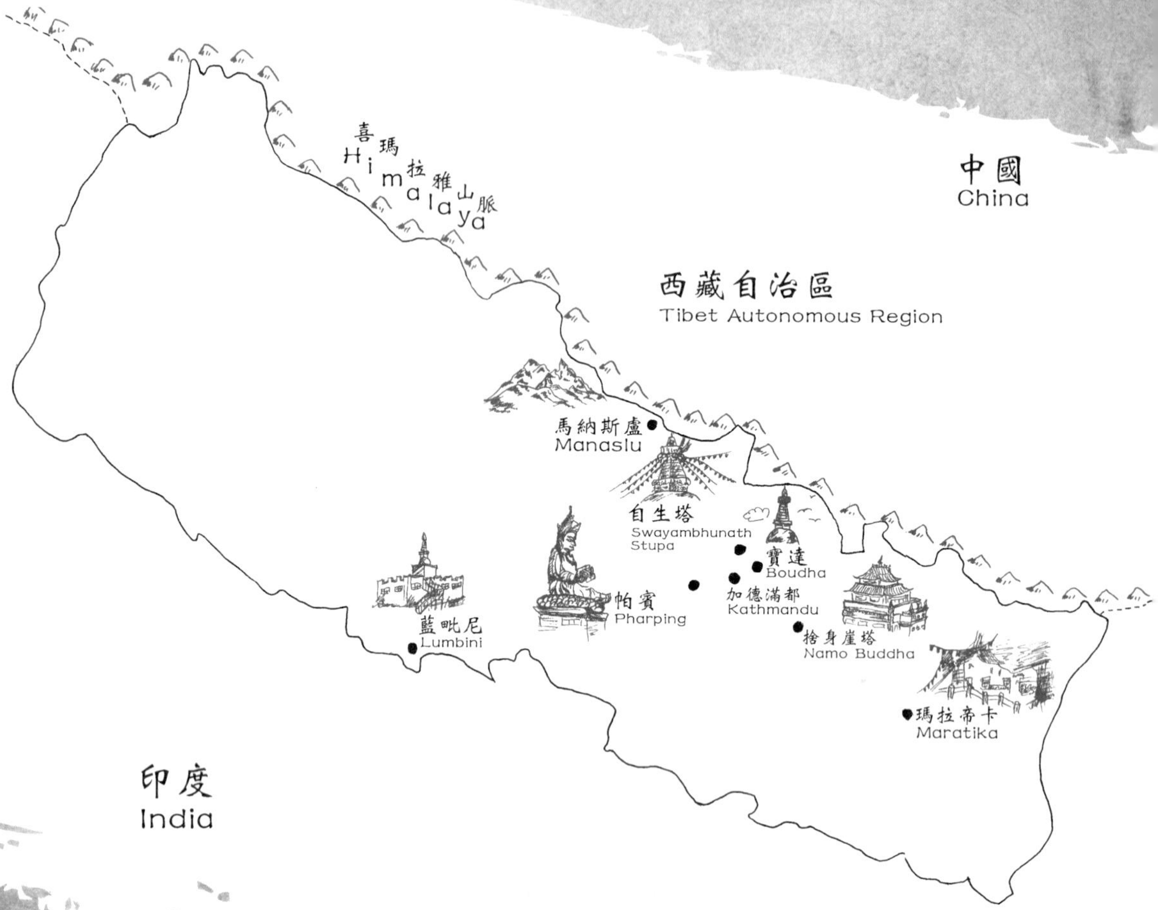
喜瑪拉雅山脈
Himalaya
中國
China
西藏自治區
Tibet Autonomous Region
馬納斯盧
Manaslu
自生塔
Swayambhunath Stupa
寶達
Boudha
帕賓
Pharping
加德滿都
Kathmandu
藍毗尼
Lumbini
捨身崖塔
Namo Buddha
瑪拉帝卡
Maratika
印度
India

於一塵中塵數佛，各處菩薩眾會中，無盡法界塵亦然，深信諸佛皆充滿。
各以一切音聲海，普出無盡妙言辭，盡於未來一切劫，讚佛甚深功德海。

《普賢行願品》偈頌是出自《華嚴經》的祈願文，分別以頂禮、供養、懺悔、隨喜、請轉法輪、請佛住世以及迴向這七種方式來累積福德資糧，並消除不良習氣。第一支頂禮，主要是爲了對治「我慢」，以身、意、語來頂禮諸佛菩薩，讓自己完全降伏在三寶跟前。

「我們無論是去朝見上師、大德，還是去巡禮佛寺、聖地，是不是都要有恭敬的心？所以首先我們要做頂禮。」堪布簡單地開示說，佛塔前的景象，是頂禮支的最佳寫照，因爲佛塔是諸佛的意所依，無論是右繞佛塔或在佛塔前禮拜都具有極大的功德，他自己也曾以大禮拜的方式繞行滿願塔（Boudha Stupa）。

在尼泊爾的境內，坐落著許許多多、大大小小的佛塔，其中滿願塔、自生塔（Swayambhunath Stupa）以及捨身崖塔（Namo Buddha）的名聲最爲響亮，甚至流傳著如果能在一天之內禮拜三大佛塔將能不墮入惡趣的說法。四十多年前，當年輕的札西喇嘛第一次從努日下山的時候，就是在三大佛塔的面前發願一定要好好修行、弘揚佛法。而那座位於寶達的大佛塔，正是馳名遠近的滿願塔，悠久的歷史可追溯到蓮師、寂護大師以及藏王赤松德贊的前世。

滿願塔——見證廣大願力

赤松德贊是八世紀吐蕃王朝盛世重要的護法君王，儘管佛法自他的祖先松贊干布的年代就已經傳入西藏，不過當時原始的苯教勢力仍然很龐大，於是他先後從印度邀請了寂護大師以及蓮師入藏弘法，並建立了桑耶寺，密法才得以在西藏興盛。

在桑耶寺落成之後，蓮師對他們開示了關於滿願塔的故事，原來他們三人共同護持佛法的因緣不是偶然，而是前世強大的善願所致。

話說他們在某個前世裡曾經是兄弟，母親森弗那是一名天女投生的養雞婦。森弗那共有四個兒子，為了讓孩子們將來都能受人尊敬，老婦人請求國王恩准她建造一座佛塔，不過佛塔才興建到一半她就往生了，所以後來佛塔是由她的四個兒子在驢子和大象的協助之下所完成。

在佛塔落成之後，四兄弟將大迦葉如來的金剛不壞舍利封置塔裡，並獻上豐盛的供養，此時大迦葉如來與諸佛菩薩出現在虛空中，異口同聲地對他們說：「佛塔是三世一切佛心不離法身的無上容器，由於你們是以最清淨的心發願造塔，因此你們在這座佛塔前所祈請的任何願望都將能夠圓滿實現。」

大哥聽了之後，當下發願將來要轉生到北方邊境的雪域裡，成為偉大的護法君王。

二哥在聽了大哥的祈願後，發願當大哥轉世爲國王的時候，他要轉世爲大比丘來弘揚佛法。

接著三哥發願，當兩位哥哥在雪域弘揚佛法時，他願轉生爲密法瑜伽士來守護佛法。

最後小弟也發願說，當三位哥哥轉生到雪域建立、弘揚、守護教法的時候，他願轉世爲大臣來協助他們的佛行事業。

而正當他們在發願的時候，剛巧有一隻蜜蜂叮在大哥頸子上，大哥反射性地隨手一撥，沒想到竟然將蜜蜂給打死了，於是他以無量的慈悲心發願，祈請當他成爲雪域國王的時候，這隻可憐的蟲兒可以成爲一位修行佛法的王子。

只是四兄弟沒想到，就當他們在發善願的時候，協助他們運輸沉重建材的驢子和大象，竟然起了瞋心！驢子和大象覺得牠們也爲了建造佛塔付出勞力，卻沒有得到任何回報，實在是太不公平了，於是驢子發願要成爲奸臣，讓國王的佛行事業付諸流水，而大象則發願要轉生爲國王的後代來破壞佛法。

所幸牠們邪惡的念頭，被四兄弟的侍者以及棲息在樹上的烏鴉所聽見，因此侍者發願要轉生爲忠心的大臣來對抗狡詐的奸臣，而烏鴉則發願要轉生爲大菩薩來消滅迫害佛法的國王。

而當時在場的還有兩位婆羅門青年以及兩位公主，青年們發願當大哥轉世爲雪域國王時，他們要轉生爲譯師，翻譯所有經典，而公主們則發願要抄寫所有經典。

後來這些當年在滿願塔前發願的人，究竟轉世爲何許人物呢？大哥、二哥、三哥正是後世稱爲師君三尊的赤松德贊、寂護大師以及蓮師，四弟則是雅礱王。那隻被大哥誤殺的蜜蜂，轉世成爲赤松德贊的女兒貝瑪薩公主，而生起瞋心的大象則變成摧毀佛法、同時也葬送了吐蕃王朝的朗達瑪，最後被烏鴉轉世的大成就者喇榮巴吉多傑所殺。至於驢子、侍者、婆羅門青年以及公主等人，也都一一如願投生，可見願力的力量是何等廣大！

神聖世俗一線間

這則關於滿願塔的故事是出自於《蓮師傳》，不過尼泊爾當地對於佛塔的歷史另有說法，居住在加德滿都谷地的原住民尼瓦爾人（Newari）自古也信奉佛法，他們認爲佛塔由一位尼瓦爾國王始建於五世紀，十四世紀時毀於烽火之中，今日這座高約三十六公尺、半圓塔身直徑約一百公尺、有亞洲最大佛塔之稱的滿願塔是後來重新修建的。而在二〇一五年的那場大地震，努日山上的寺院倒塌的同時，滿願塔的金頂也嚴重受損，十八個月後，金頂四面上那四對彩繪佛眼，才又重新凝視紛擾的紅塵。

佛塔的四面居高臨下地端看著四方眾生，猶如四張臉譜，除了大大的眼睛，眉心之間還有一個左螺旋狀的小圓點，網路上以訛傳訛地說那是智慧第三眼，其實那稱作白毫，是如來三十二相之一，如果你注意觀看諸佛菩薩的法相，就會發現他們的眉心之間也都有這樣一個小圓點。那麼這個白毫有什麼作用呢？根據《妙法蓮華經》，它可以綻放出照耀三界眾生的智慧之光，令眾生擺脫無明。

最有趣的是那個形似問號的鼻子，它其實是尼泊爾的數字「1」，代表一體和諧，而頂上的十三層金塔，意謂著通達涅槃的十三個修行階段，最上層的寶蓋傘頂則象徵涅槃。

不知從何時開始，這樣的圖騰成了尼泊爾佛塔的特色，儘管隨著時代的變遷，滿願塔也曾歷經滄桑，卻始終是往返加德滿都的佛教徒在心靈上的寄託，昔日前來尼泊爾經商的西藏商人，在翻越重重山嶽返鄉之前，必定會先前來繞塔禮佛、祈求旅途平安。時至今日，繞塔禮佛依然是當地佛教徒的日常。

藏人繞塔不像我們這些遊客蜻蜓點水地繞行三圈就算圓滿，他們有時一繞就是好幾個小時，甚至可以繞上一百零八圈。

「也有很多上師會以大禮拜的方式繞塔，五體投地表示虔誠。如果你覺得外圍人太多，可以繞內圈，以大禮拜的方式繞行，每轉一圈，可以累積從塔頂到地基每個微塵的善業。」札西堪布開示說，做大禮拜的時候，最共通的修持方式就是念誦四皈依文，不過也可以念誦任何你覺得與自己最爲相應的祈請文。

滿願塔因師君三尊前世的願力聞名，自古以來便是喜馬拉雅佛教徒的心靈寄託，在歷經幾番修建後，成為今日的亞洲第一大塔。

節慶習俗是傳統文化的一種展現，排燈節時當地的佛教徒也會依循印度教的傳統，在地板上以粉末彩繪，迎接帶來財富的吉祥天女。

尼泊爾的文化與信仰息息相關，當地的孩子自幼就接觸宗教。

當地的佛教融合了印度文化，排燈節時信徒會在滿願塔前點燈祈福。

「滿願塔的起源是來自一位養雞老婦人的發願，妳想想看，連一位老太太都可以用她微薄的收入來蓋一座偉大的佛塔，還有什麼事是我們做不到的呢？」堪布指出，如果在繞行滿願塔的時候能夠如此思惟，內心自然就會產生一種精進的毅力。

只是無論在什麼年代，只要有人潮匯聚，就會出現商機，精明的商人當然不會錯過朝聖者的生意囉。堪布指出，近三十年來佛塔四周的變化很大，如今已經發展成店家環繞的商業區，不難想像，遠道而來的佛教徒，前一刻可能還法喜充滿地在繞塔，下一刻心念一動就已經在商店裡討價還價了。畢竟，是朝聖還是旅遊，只有一念之隔！

新年象徵新的開始，因此在藏曆年期間，佛塔也會重新粉刷，煥然一新地迎春納福。（攝影／郭怡青）

觀光客會爲了省錢而殺價，店家當然也會爲了賺錢而練就出一口三寸不爛之舌，有些比較敢言的商人，甚至還會以佛塔起誓，說他沒有賺你半毛錢，對此堪布無奈地說，他覺得這樣眞的很不好，明明就有賺錢，卻拿代表良心的佛塔來爲自己的謊言背書，這樣等於是玷汙了神聖的佛塔。

過去堪布曾在滿願塔附近和一位年輕女孩買東西，女孩爲了賺錢，對堪布說：「我以佛塔爲誓，我眞的沒有賺你的錢。」

堪布覺得女孩還年輕，於是好意勸導她說：「妳不要拿尊貴的佛塔爲誓，信口開河說妳沒賺錢，這樣對妳不好，因爲做生意不可能不賺客人的錢。但妳可以說，我開的價格很實在，沒有賺很多。」

堪布表示，他主要是想告訴那個女孩，同樣的目的，可以用其他的說詞，但千萬不要以佛法爲誓來撒謊，這樣會犯下深重的惡業。

只是沒想到，那位伶牙俐齒的女孩竟然不以爲意地回答說：「沒關係，反正我白天造的業，晚上到佛塔前繞塔懺悔就清淨了！」

「這就說明了那個女孩並不瞭解佛法，才會以爲造業沒有什麼大不了，反正只要繞塔懺悔，就可以消除業障。眞正的懺悔，是要發願就算遇到生命危險，也絕對不會再造作惡業。」堪布感嘆地說，大家難得來一趟尼泊爾，購物、殺價固然無可厚非，不過希望大家能夠時時保持正念，記得自己前來聖地目的，多加檢視自己的行爲，不要讓朝聖的功德被一時的貪念所染汙。

自生塔——諸佛心意的代表

從滿願塔往西北行，來到距離約四公里的山崗上，這裡有另一座朝聖者必訪的佛塔：自生塔。此塔又名蘇瓦揚布拿佛塔，不過一般遊客都稱它爲猴子廟，因爲當地有許多恆河猴，牠們會在佛塔上跳來跳去，伺機將信徒供養在佛塔上的鮮花水果拿去吃，猶如大鬧天宮的孫悟空。

如果說齊天大聖沒有一點本事上不了天宮，那麼這群獼猴們可以在此逍遙想必也不是偶然吧！根據《蘇瓦揚布往世書》（*Swayambhu Purana*），在遠古時代加德滿都盆地原本是一片湖泊，過去七佛的第二佛屍棄佛在湖裡投下一支藕根，預言將來會長出閃亮的蓮花，而湖泊也將會變成美麗的國土。若干年後，湖中長出了猶如車輪般大的千瓣蓮花，花朵上面有一個猶如手肘般大的自生水晶塔，代表一切諸佛的心意及空性的本質。

多年之後，有位名爲文殊天的金剛阿闍梨從中國五台山來到此處，他是文殊菩薩的化身，具有不可思議的神通。由於自生水晶塔長在湖中，許多人無法朝聖，因此他以寶劍將山劈了一個缺口，等待湖水瀉去後，千瓣蓮花也變成了土地，逐漸形成了村落。

某日，文殊天在佛塔面前祈請，佛塔顯現爲法界與自在的傳承，爲他灌頂並傳授了《文殊眞實名經》以及《十二字要訣》，因此自生塔又有法界自在塔之稱。

據說文殊天在回五台山之前，曾在此地削髮以斷三千煩惱絲，頭髮落地後化現爲佛塔四周的樹，而頭蝨也變成了活蹦亂跳的獮猴。就這樣年復一年，猴子們也在此傳宗接代，已成爲佛塔的招牌，來訪的遊客一不小心就會發現鏡頭裡全是調皮搗蛋的猴子！

那麼傳說中的自生水晶塔究竟在哪裡呢？現在來到自生塔，我們只能看到彩繪著眼睛的金頂佛塔，據說原本的自生水晶塔就在那座塔裡面。最初建塔的是一位名爲滿足天的印度國王，由於他對輪迴產生了出離心，因此來到自生塔前出家修行。爲了保護自生水晶塔，他蓋了一座土製大塔將自生塔覆蓋起來。據說在佛塔的底層，除了自生水晶塔，還有文殊天的蓮花寶座，而在佛塔東

自生塔周遭原為森林，因此經常可見調皮的猴子爬上佛塔。（攝影／郭怡青）

面的台階旁，也有文殊天留下的腳印。

傳奇的故事總是動人，不過自生塔的起源還有另一種記載，該塔是在五世紀初葉，由李查維王朝（Licchavi Dynasty）的馬納德瓦（Mānadeva）國王之曾祖父所建。無論如何，在歷史的長廊裡經過多次翻修的自生塔，自古以來受到佛教徒的重視，許多大成就者包括蓮師、阿育王、馬爾巴尊者都曾相繼造訪；對於朝聖者而言，能夠踏在昔日大師們曾經留下足跡的土地上，在這裡繞塔禮佛，也是殊勝的因緣。

眺望市容，見證環境的變化

如同滿願塔，自生塔也是覆缽式的半圓塔，金塔四面也彩繪著俯瞰紛擾紅塵的佛眼，不過滿願塔金頂上的十三層階梯是四方形，而自生塔則是由鑲鍍著銅片和金箔的十三層圓錐形相輪組成。自生塔聳立在辛谷（sengu）山丘上，金頂四面的佛眼俯瞰著加德滿都谷地，是眺望市景的好去處。可惜加德滿都的空氣不好，密密麻麻的房子總是籠罩在灰濛濛的霧霾當中，恐怕也只有佛眼才能看得透徹了。

依稀記得二〇〇〇年我第一次造訪尼泊爾的時候，加德滿都還是塵土飛揚的黃土路，就連皇宮附近也有許多牛走來走去，但那個時候的天空是藍天白雲、一望無際。然而近二十年來，隨著

這座金頂白塔為後世所建，相傳原本的水晶自生塔藏在塔底。（攝影／郭怡青）

工業的發展、人口的暴增、汽車排放的柴油廢氣、垃圾的堆積等種種因素，導致空氣汙染的情況日益嚴重，再加上谷地四周環繞著海拔兩千公尺以上的山，讓霧霾更加難以散開。

札西堪布也說，近年來尼泊爾的變化眞的很大，過去自生塔的四周其實是一片樹林，所以猴子才會這麼多，而他們以前來朝聖的時候，附近根本沒有房子，都要在樹林裡過夜呢！

現在要登上自生塔有兩條路線，位於東側的石階路共有三百六十五階，是由十七世紀的國王普拉塔普．馬拉國王（Pratap Malla）所建，雖然又長又陡，但是很有「天將降大任於斯人也」的朝聖感。而且從正門上去，會先經過色彩繽紛的佛像群和許願池，一路上還有許多轉經輪。不過如果不想「苦其心志、勞其筋骨」，也可以坐車到位於半山腰的西南入

在自生塔山腳下的入口附近，有一個許願池，據說如果能將銅幣投入池塘中央小佛陀前的缽裡，願望就能實現。（攝影／郭怡青）

口，從這裡再開始往上爬，這條路線的石階比較寬廣，走起來也相對輕鬆許多。

堪布笑說，現在的朝聖者很幸福，他們從前來繞塔可沒有偷懶的選項，在半山腰的車道開通之前，一定要爬那條又高又陡的石階路才上得了自生塔，而現在我們看到這些沿著石階環繞寺院外圍的轉經輪，也都是後來才擴建的。

「那些轉經輪是由尼泊爾各地的地方人士發心出資所建，所以每一段都有標示出資地區，可惜當時我們努日人實在是太窮了，所以沒能參與。」堪布笑著說。

自生塔四周環境的變化，也許是時代無法抵擋的改變，不過令堪布欣慰的是，過去這裡原本有個屠宰場，屠宰水牛的狀況非常嚴重，所幸現在已經沒有了。

「殺生原本就有惡業，更何況是在聖地旁屠宰，這樣會讓屠夫在殺生的同時，又犯下在聖地造業的罪。當時我看了非常難過，就在聖地祈願，希望屠宰場能夠拆除，別讓屠夫們在聖地一次造兩種惡業。」堪布說，後來那個屠宰場在十多年前被拆除了，他覺得這應該是他當時的祈願實現了，由此可見願力的力量真的很大，我們時時都要發善願。

佛教與印度教的融合

相對於藏人匯聚的滿願塔，來到自生塔，你會發現印度教的信眾也很多。在佛塔的北面有一

自生塔四面與中央象徵五方佛，其中一面供奉著阿彌陀佛。（攝影／郭怡青）

自生塔下方的公園裡，有釋迦牟尼佛、蓮師與四臂觀音的銅像。（攝影／郭怡青）

座訶利帝（Hariti）女神廟，俗稱她爲鬼子母，因爲根據佛教經典，她原本是個殘暴的食人鬼，夜夜都會到村莊裡去擄獲小孩來吃，佛陀爲了感化她，故意將她的孩子藏起來，讓她體驗喪子的絕望，於是她痛改前非，成爲守護兒童的女神。

由於鬼子母的誓言，沒有子嗣的夫妻會前來向她求子，已有孩子的父母則會祈求孩子平安健康，不難想像她的信眾當中自然也不乏印度教徒。因此來到這裡，你會看到身穿長衫或紗麗的男女信徒在佛像上抹著紅紅的硃砂，也會以放了鮮花、香、米以及切好的水果等的供品盤禮佛，佛教與印度教巧妙地融合在一起。

這樣的畫面也算是尼泊爾的一種風景，他們對於佛教的接受度普遍比發源地印度高出許多，當地人既會上印度神廟祈福，也會以他們的方式在佛教寺院繞塔禮佛，許多佛教聖地同時也被視爲印度教聖地。喜馬拉雅山區的歷史原本就交織著神話，光是從這兩座佛塔的起源故事，應該就不難想像，一個地方各自表述是層出不窮的狀況。對於他們來說，更重要的是信心，無論你相信的是什麼，只要有信心就會得到加持。

捨身崖塔——佛陀捨身餵虎的聖地

從自生塔往東南行約四十五公里處，還有第三座佛教徒必訪的重要佛塔——捨身崖佛塔，由於它坐落在南摩布達山上，因此亦稱作南摩布達佛塔。儘管捨身崖佛塔的地理位置相對偏遠，交通也較爲不便，從加德滿都要搭兩小時的車方能抵達，不過這裡卻因著一段佛陀前世捨身飼虎的感人故事而馳名遠近。

根據《金光明經》，佛陀在尚未成佛前的某個過去身，曾經是古印度大車國的三王子摩訶薩埵。有一天他和兩位哥哥一起到森林裡玩耍，看見一隻母老虎，牠剛產下一群虎寶寶，卻找不到食物可吃，因此身體十分虛弱，已經餓得奄奄一息了。

慈悲的三王子看了很難過，心想：如果繼續這樣下去，這群老虎恐怕都會餓死吧？如果最後虎媽媽爲了存活下去，不得不把自己的寶寶吃掉，那豈不是比悲傷還要悲傷嗎？

三王子想了又想，覺得反正自己在無始的輪迴裡，也不曾成就過什麼，還不如將自己的身體佈施給這群可憐的老虎，至少還能種下一點善根。

於是三王子找了藉口讓兩位哥哥先回宮去，自己則義無反顧地走到飢餓的虎媽媽面前，刺破自己的血管，躺下來把自己塞入虛弱的母虎嘴邊，當家人前來找他時，他早已被母虎吃掉，只剩下殘骸了。

爲了紀念三王子的善行，後來國王命人將王子的殘骸和泥土攪和在一起，興建了一座舍利塔，塔上還雕塑了王子捨身飼虎的故事。

捨身崖塔裡有面石雕，刻著佛陀前世捨身餵虎的故事。（攝影／郭怡青）

據說現在的這座佛塔，就是在昔日那座舍利塔的遺址上重新修建的，儘管路途遙遠、外觀也沒有滿願塔以及自生塔那般華麗，但在朝聖者的眼裡卻是一樣莊嚴殊勝。來到這裡，我們可以感受到佛陀累世的無上捨心，將自己寶貴的性命無悔地奉獻給一群老虎，眞的不是一般人能夠做到的。

「來到捨身崖佛塔，我們要想到摩訶薩埵王子捨己爲眾生的精神。我們一般都是很珍惜自己的身體，可是摩訶薩埵王子卻將眾生的生命看待得比自己的肉體還要重要，當你在繞塔的時候，如果能夠如此思惟，也會生起這樣的正念。」札西堪布開示說，我們要很清楚地瞭解，爲利益眾生而奉獻生命與輕生的差別，前者是爲了利他而捨身，後者是因爲自私而自殺，兩者之間在本質上完全不相同。輕生者的心態是自私的，他只有想到自己，覺得這世間太痛苦，所以不想活下去，這其中並沒有利他之心；然而慈悲的摩訶薩埵王子不一樣，他當然也很珍惜自己的身體，只是爲了讓虎媽媽和虎寶寶都能夠活下去，才捨身去利益他們，這樣的行爲是無私的。

由於摩訶薩埵王子是釋迦牟尼佛的某個前世，而釋迦牟尼佛是教法的主人，以十二行誼利益眾生，因此堪布表示，他在繞行捨身崖佛塔的時候，通常會念誦《佛陀十二行誼讚》。此外，他也會念誦《蓮師祈請文》，因爲蓮師是他宿緣的本尊，所以無論是做任何事情，他都會祈請蓮師。

捨身崖塔位於南無布達創古寺附近，該寺院是由噶舉傳承的大禪師創古仁波切所建，四十年前年輕的札西喇嘛第一次從努日下山的時候，捨身崖塔附近還是一片荒郊野林，當時仁波切的閉關中心只有四名閉關者，年輕的僧人原本也想留下來閉關，可惜因緣不具足，當時創古仁波切不在此地，所以他就離開了。

「不過那個時候，我有在佛塔前祈願，願我的修行能產生好的結果。」札西堪布說，加德滿都谷地的三大佛塔，是過去諸佛菩薩發願、加持的地方，亦是佛法長存的象徵，若能到此繞行、禮拜的話，不但能夠消除業障，還能夠滿願。

一般來說，繞行任何佛塔在功德上是沒有什麼分別，但不同的佛塔有不同的故事和願力，如果能夠好好去思惟，在繞塔的時候自然就會產生不同的體悟和感受。

【供養支】

尼泊爾的蓮師聖地

位於加德滿都以南的揚烈雪是重要的蓮師聖地，後人在昔日蓮師降魔的阿修羅岩洞裡供奉蓮師像。（攝影／郭怡青）

揚烈雪——普巴除障成就岩洞

從滿願塔的故事，我們知道八世紀的藏王赤松德贊、寂護大師以及蓮師在過去世曾經是兄弟，他們以慈悲的善願，轉世將佛法從印度傳入雪域。起初赤松德贊先邀請了寂護大師入藏傳法，然而當時喜馬拉雅一帶的妖魔猖獗，寂護大師無法感化那些頑固不化的鬼神以及強大的苯教勢力，於是建議藏王迎請蓮師前來調伏。

有別於漢傳佛教諸佛慈悲的形象，蓮師的內在雖然也是大慈大悲，但外相卻是半寂半忿，就連神鬼都畏懼三分。還記得多年前曾在一個文物展遇見一對母女，小女孩躲在母親身後，指著蓮師像對她說：「媽媽，他看起來好兇好可怕喔。」

其實一般常見的寂忿蓮師像雖然具有威嚴，但還不算兇猛，金剛乘佛教裡有許多面目猙獰的忿怒尊，沒有接觸過藏傳佛教的人也許無法理解，甚至心生恐懼，然而法界中所有諸佛菩薩其實都是一體，只是爲了順應眾生種種的根器、因緣及業力，而化現成不同的形象來度化。換句話說，忿怒尊也是從慈悲而生，只是他是以威猛的智慧來對治無法以寂靜的方式轉化的煩惱。

尼泊爾是蓮師重要的聖地，當年赤松德贊遣派使者迎請蓮師入藏的時候，蓮師原本正在揚烈雪岩洞裡閉關。揚烈雪岩洞位於加德滿都以南約十九公里的帕賓（Pharping），根據《蓮師傳》，那裡是個非常吉祥的地方，即便到了冬季花朵也不會凋零，蓮師偕同尼泊爾公主釋迦德娃前來閉關，修持大手印殊勝持明，並且開啓了能夠獲得殊勝成就的揚達黑嚕嘎壇城。

揚達黑嚕嘎直譯爲「眞實意飲血尊」，意指吞噬貪欲煩惱之汙血，是寧瑪派主要的忿怒本尊法門之一，然而在蓮師與佛母開啓了壇城之後，卻不斷受到鬼魔阻饒，三年的期間裡，大地一片乾旱，令眾生苦不堪言。於是蓮師便派人前往印度，取回能夠消除一切障礙的《普巴密續》，配合揚達黑嚕嘎一起修持，結果馬上就下起甘露雨，而蓮師也獲得無上大手印的成就。

根據《蓮師傳》，揚烈雪是即便在冬季花朵也不會凋零的吉祥地，蓮師在此證得了大手印殊勝持明，信徒在尊者昔日閉關的洞口掛上風馬旗祈福。（攝影／郭怡青）

蓮師曾在阿修羅岩洞調伏妖魔，並在洞外留下手印，不過也有人認為那個手印是泰錫度仁波切的某個轉世或第二世措尼仁波切留下的。（攝影／郭怡青）

揚烈雪岩洞內供奉著蓮師與賈札仁波切的照片，仁波切的閉關中心就在岩洞旁。（攝影／郭怡青）

「普巴金剛是寧瑪派的不共本尊，亦是諸佛菩薩事業化現的總體，如果將揚達黑嚕嘎譬喻成能夠獲得大利潤的商主，那麼一路要有普巴金剛作爲保鑣護送，才能確保沒有障礙。」札西堪布解釋說。

在揚烈雪岩洞的上方有一個阿修羅岩洞，又稱揚列雪上部，因爲據說在兩洞之間有一個極爲狹窄的通道，人體根本無法通行，而蓮師卻從這裡直接穿越上去，並在此以金剛橛調伏了後來成爲普巴金剛十二護法的妖魔以及十二地母。

在岩洞的外壁，有一個清晰的手印，相傳是蓮師留下的，不過也有人認爲那是泰錫度仁波切某個轉世的手印，或是第二世措尼仁波切的手印，而印度教徒則說那是瑜伽士勾拉克納德（Gorakhnath）的手印。無論你相信哪一種說法，佛經裡明確記載了蓮師在揚烈雪修持普巴、成就大手印的事蹟。

「因爲這樣的緣起，朝聖揚烈雪可以消除我們所有的障礙，建議大家來到這裡可以多加持誦普巴心咒，或者做任何與普巴相關的修持。」札西堪布說，他每次來到揚烈雪，通常都會花一、兩個小時的時間靜坐禪修，這裡同時也是度母和金剛亥母的聖地，所以也可以做與他們相關的修持。

由於揚烈雪是蓮師證得大手印持明果位的聖地，因此大成就者賈札仁波切曾說：「揚烈雪對

在阿修羅洞的下方，有一座十七世紀尼瓦爾式建築的金剛亥母寺，揚烈雪同時也是亥母的聖地，十一世紀承襲那洛空行法的龐亭巴尊者曾在此修行，據說帕賓這個地名就是演變自他的名字。（攝影／郭怡青）

在自生度母像旁的象鼻財神像為後世所雕塑供奉。（攝影／郭怡青）

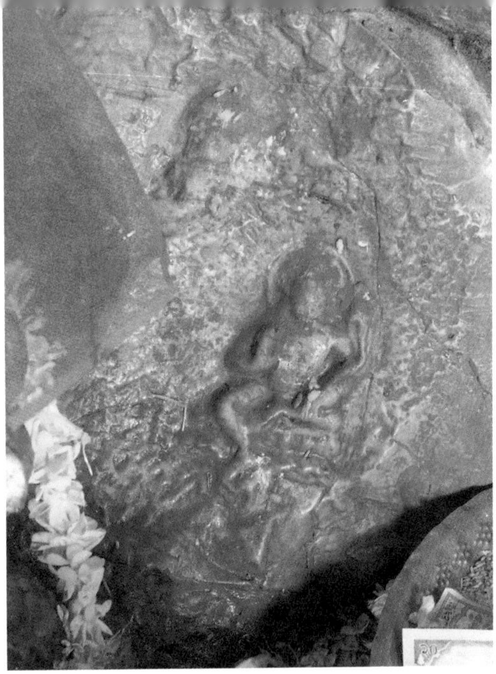

揚烈雪除了蓮師傳奇，同時也是度母的聖地，岩壁上有一尊自生度母像。（攝影／郭怡青）

前譯派而言，就等同菩提迦耶的金剛座，如果你對蓮師有信心，這裡的加持力就會特別強大。」

瑪拉帝卡——長壽無死成就岩洞

讓我們將時光再往前推，回到蓮師還在印度的時候，當時他曾經展現神蹟調伏沙霍國國王，並納其女曼達拉娃公主爲明妃。後來，他們爲了獲得無死成就，一起前往具有外、內、密完整壇城的瑪拉帝卡（Maratika）洞窟。在那裡，曼達拉娃公主以自身做爲曼達供養，與蓮師修持長壽佛與馬頭明王，並證得不死虹身。

從瑪拉帝卡到揚烈雪，在蓮師的故事裡，似乎有許多重要的修行成就都是由佛母陪同完成，這究竟是爲什麼呢？

「首先我們要瞭解，儘管在我們凡夫的眼裡，看起來好像有一位叫做蓮師的男人和一個名爲曼達拉娃的女人在瑪拉帝卡，但事實上父母尊的本質是方便與智慧。」札西堪布解釋道，在密乘教法裡，包含了外續和內續，蓮師在揚烈雪以及瑪拉帝卡所修的法，皆是屬於內續當中的瑪哈瑜伽。而在內續當中，大部分的本尊都是雙運相，例如在文武百尊裡，除了六道能仁是單尊之外，其他像是普賢王如來、五方佛、八大嘿嚕嘎、持明尊、菩薩等都是父母尊，因爲父母尊象徵著顯空不二。

「同樣的道理，這也就是爲什麼蓮師在瑪拉帝卡修持長壽成就、在揚烈雪修大手印成就時需要佛母。」堪布補充說，這不是一般修行者可以達到的境界，必須要完全超越男女之欲的成就者才有可能修持。

瑪拉帝卡的長壽洞裡有許多形狀奇特的石筍，佛教徒認為那是蓮師留下的聖跡，札西堪布在自生長壽寶瓶前為眾生祈福。（攝影／林稻香）

相傳蓮師曾在八大嘿嚕嘎洞調伏魔女。（攝影／郭怡青）

而那個昔日被譽爲印度修行成就最高的瑪拉帝卡聖地，如今坐落在尼泊爾境內，據說蓮師當年隨著藏王的使者入藏途中經過此地時，使者被三座聖山所怔住，蓮師告訴他這三座山代表「三族姓尊」，中間那座較小的山代表象徵慈悲的觀音菩薩，南邊那座山代表象徵伏魔的金剛手菩薩，北邊那座山則代表象徵智慧的文殊菩薩。

瑪拉帝卡有兩個主要的洞窟，都是位於中間的觀音山，在上方的長壽洞是蓮師與曼達拉娃佛母成就之處，而下方的八大嘿嚕嘎洞則流傳蓮師降伏魔女的故事。

蓮師並提及，瑪拉帝卡可分爲外、內、密三個層次，由於存封了伏藏，因此在時機未到時不宣說關於內和密的層次，但就外層次而言，這裡是密嚴刹土，山形猶如層層疊起的蓮花。而山的四方有四條秘密通道，右方可分辨善惡，後方可指示中陰，左方可清淨胎生罪障，前方可淨化退失的三昧耶戒，若走過這四條道路，則可清淨十八地獄的罪障。

爲衆生祈求長壽

瑪拉帝卡位於科唐（Khotang）縣東側的山上，距離加德滿都以東約三百二十五公里處，沿途山路崎嶇，光單程的車程就要約七、八個小時，也許是因爲路途遙遠，所以儘管《蓮師傳》裡記載了瑪拉帝卡的故事，昔日卻很少有佛教徒會去朝聖，就連札西堪布也表示，他年輕的時候根本就不知道瑪拉帝卡在哪裡，後來是因為貝諾法王、賈札仁波切等大仁波切駕臨之故，瑪拉帝卡的知名度才迅速擴展。

「我第一次去瑪拉帝卡是在二〇一五年大地震發生之後，那時我覺得自己好像會有生命危險，所以就去瑪拉帝卡閉關三天。那裡有個寺院，每天早上我會先去蓮師的長壽洞窟禮拜供養，然後再回到寺院去實修。」札西堪布笑著說，瑪拉帝卡是蓮師修持長壽無死成就之地，長壽洞裡有一個自生長壽寶瓶，很多人會在此祈願健康、長壽，當然他也不例外，畢竟他的肩上還揹負著沉重的責任，他有很多孩子要照顧，學生、喇嘛連同老師在內，加總起來約有九百人要靠他吃飯。

而堪布第二次到瑪拉帝卡閉關，是在去年他六十一歲的時候，因為根據藏曆，六十一歲是一個關卡，除了壽命會有障礙之外，也容易發生口舌、爭吵、煩躁等。

「以前我有很多時間閉關，現在要負責學校孩子們的教育，沒有時間做長時間的閉關。」堪布說，他是以祈願一切如母眾生都能健康、長壽的動機去做閉關實修，一般人如果要為眾生祈請除障，最簡單的方式就是念誦《蓮師如意頌》。

瑪拉帝卡的原住民

無論你是朝聖者還是一般遊客，如果想去瑪拉帝卡，最好事先排出時間，因為從加德滿都來回，至少也要三天兩夜。前往瑪拉帝卡最好的方式就是共乘吉普車，不過要有心理準備這可能不會是一趟舒適的旅程，吉普車會沿路載客，直到車廂完全沒有縫隙塞人。隨著車子走走停停好不容易駛出了擁擠阻塞的市區之後，你會發現柏油路開始被塵沙飛揚、坑坑洞洞的黃土路取代，而窗外的房子也不知從何時起，從水泥屋逐漸變成頂著茅草房頂的簡陋木屋或竹屋，沿途的風景透露著越往東行生活越貧瘠。

瑪拉帝卡在當地稱作哈勒希（Halesi），是原住民拉伊（Rai）族的故鄉，他們與林布（Limbu）族等被統稱為克拉底（Kirat）人的東北部原住民，在西元前八世紀至西元三世紀期間，曾經建立過盛極一時的克拉底王朝。

拉伊族昔日以泛靈信仰為基礎，而今則主要信奉印度教，由於哈勒希的洞窟寺院是在十八世紀末時，由一位拉伊族獵人在追逐一隻鹿時無意間發現的，因此他們相信那隻將獵人引導至洞窟的鹿，是毀滅之神濕婆的化身。根據印度教的傳說，哈勒希是濕婆的聖地。話說濕婆為了躲避魔王巴斯馬瑟（Bhasmasur）的追殺，一路逃到哈勒希，這裡有兩個主要的石窟，一個在上、一個在下，濕婆躲進下層的洞窟裡，並留下了腳印。

嗯，這個故事是不是聽起來好像哪裡怪怪的？堂堂一位法力無邊、足以毀滅世界的大神，為什麼會打不過大魔王呢？原來，巴斯馬瑟原本是位精進苦行的虔誠信徒，濕婆被他的苦行所感動，賜予他「誰被他的手觸摸到就會化爲灰燼」的超能力，當然這個「誰」也包括濕婆自身在內。

只是沒想到，巴斯馬瑟在獲得法力之後，竟然變成了爲非作歹的魔王，由於他垂涎濕婆之妻帕瓦蒂（Parvati）的美色，竟然恩將仇報想要除掉濕婆！後來維護之神毗濕奴（Vishnu）利用巴斯馬瑟好色的弱點，化身爲美麗的舞女，要巴斯馬瑟模仿她的動作，巧妙地騙巴斯馬瑟將手放在他自己的頭上，讓他在瞬間燒成灰燼。

有趣的是，雖然以智取勝魔王的是毗濕奴，不過哈勒希卻被印度教信徒視爲濕婆的聖地，或許是因爲後來濕婆與帕瓦蒂曾在上層洞窟居住過一段時間的緣故吧。洞窟裡有個形似男性陽具的石筍，信徒相信那是濕婆林迦（linga，象徵濕婆的符號），也是這座天然印度廟裡最主要的膜拜之處，信徒每天會在此以硃砂爲聖跡沐浴，因此這些神聖的石筍在經年累月下也都被染成紅色。

一個聖地，各自表述

自十九世紀初起，哈勒希石窟寺院就一直是由國王指派的印度教祭司所管理，然而佛教徒也認爲瑪拉帝卡是蓮師的聖地，並且想要在此興建佛寺，爲此在一九九〇年代，佛教徒與印度徒的關係還曾經一度緊張。不過在多次的溝通下，最後雙方的信徒決定和平共處，彼此承認此處同時是蓮師與濕婆的聖地，各做各的供養及修法，當地甚至出現蓮師與濕婆無別的說法。

瑪拉帝卡有三座聖山，分別代表三族姓尊，我們穿梭在象徵慈悲的觀音山上。（攝影／郭怡青）

「一般會說這種話的人有三種狀況，一種是希望把佛教徒變成印度教徒，另一種是希望把印度教徒變成佛教徒，還有一種就是他什麼都搞不清楚，只是覺得蓮師手持的天杖和濕婆手握的三叉杖很像，又是在同一個聖地，應該是同一個人吧？」札西堪布笑著說，十七世紀的大成就者恰美仁波切在寫平息護法鬥亂的儀軌中有提到：「當人們把密乘的教法當成苯教的時候」，這句話是什麼意思呢？如果人們不知道密法的原理、見地和行爲，只是這樣念誦的話，就如同把出世間的密法變成世間信仰，把出世間的佛陀、本尊都當成一般的世間神。

堪布指出，蓮師和濕婆同在一個聖地並沒有問題，但身爲佛教徒，應該將瑪拉帝卡觀修爲蓮師修持無死成就的地方，而濕婆，也就是大自在天，則是蓮師的眷屬。

「學佛的究竟目的是爲了解脫，如果你不了解世間神與出世間本尊之間的差異，只是把蓮師當成一個世間神來看待，那麼功德利益自然也只會有祭拜世間神的功德利益。如果你知道蓮師是出世間的本尊，與諸佛菩薩無二無別，而諸佛菩薩之所以偉大，是在於他的慈悲，並思惟自己今天來到這個聖地朝聖，也是爲了利益一切眾生，如此在功德利益上就會產生很大的差別，因此朝聖的動機非常重要。」堪布如是開示。

以諸最勝妙華鬘，伎樂塗香及傘蓋，如是最勝莊嚴具，我以供養諸如來。
最勝衣服最勝香，末香燒香與燈燭，一一皆如妙高聚，我悉供養諸如來。
我以廣大勝解心，深信一切三世佛，悉以普賢行願力，普遍供養諸如來。

《普賢行願品》偈頌的第二支是供養，供品可以是實質的物品，也可以用觀想的方式，將小小供杯觀想成三千大千世界般廣大，裡面裝著世間最殊勝的供品。對於佛教徒而言，供養主要的

सिन्केधुप यो पुर्खाल
भन्दा भित्र लैजान
निषेध गरीएको छ।

瑪拉帝卡同時是蓮師與濕婆的聖地，因此經常可見佛教徒與印度教徒各具一方修法的情景。（攝影／郭怡青）

相傳蓮師來到瑪拉帝卡後，先在八大嘿嚕嘎洞降妖，再從岩洞內的透天處飛到上方的長壽洞閉關修行。（攝影／郭怡青）

目的不是爲了向諸佛菩薩祈求什麼，反過來說，諸佛菩薩也不需要任何世俗的物質，然而藉由供養，可以對治「貪欲吝嗇」，減少我們對物質的貪執。

不過一般在修法時，無論是佛教還是印度教，通常都還是會擺設許多具有象徵意義的實質供品，如花卉、水果、塗香、酥油燈等來做供養。

濕婆信仰的供品一般也是水、花、水果、餅乾等，不過由於印度教徒通常會把水果切開、餅乾剝塊、花也剝成瓣，所以食物散發出來的味道自然會比較重，地上也處處可見信徒隨手一扔的果皮、餅乾袋等垃圾。

記得我上回來訪瑪拉帝卡時，有位同行的年輕堪布實在是看不慣這種髒亂的景象，忍不住跟看管的祭司抱怨，要他清理一下。被客訴的祭司大喊了一聲，只見一位瘦巴巴的小女孩跑過來，匆匆忙忙地用手將堆積如山的垃圾掃到一邊。

看到那一幕，我們的心頭一緊，眼眶都濕了。沒錯，瑪拉帝卡的確是很髒亂，不僅是洞窟寺院裡的滿地垃圾，就連洞外的蓮師聖水處也是積滿了髒水，被當地婦女當成洗衣、洗碗的地方，好好一個聖地被弄得這麼髒亂，眞的很令人難過。可是，小女孩是徒手在掃地，這個令人心酸的畫面也透露了許多。

在印度教的文化裡，迄今保有種姓制度，負責打掃的小女孩想必無論是種姓還是生活條件都不是很好，對於衛生的知識應該也很有限，我們又如何去苛求她要時時維持洞窟的清潔呢？或許就連祭司本身對於衛教和環保的概念也不深，我們不能以自己的標準來批評當地的生活。

「瑪拉帝卡再髒，就法的層次而言，來到聖地，我們必須要超越淨與不淨的概念。我們應當想著，來到這裡是爲了獲得蓮師的加持，並將自身轉化成爲與蓮師無別，以這樣的角度思惟，才是正確的見地。」後來當我向札西堪布提及那日所發生的事情時，堪布聳聳肩表示，就現實而言，瑪拉帝卡現在是由外教徒掌管，就算我們想要打掃也沒有那個權利，所以我們也無須執著，而是要想著蓮師是如何修持，並以同樣的方式去修持。

反過來想想，當地的印度教徒想必也有看不慣從外地而來的佛教徒之處吧？他們尤其不能接受濕婆是護法神的說法。兩個信仰共處在一個空間裡，真的需要更多的包容和體諒。

在瑪拉帝卡的洞窟裡有許多蝙蝠，現在受到新冠病毒的影響，大家看到蝙蝠可能會聞之色變，不過在陰暗的洞窟裡出現蝙蝠並不奇怪。札西堪布說，他曾聽人轉述，大上師楚璽仁波切曾在瑪拉帝卡看到在念無量壽佛咒的蝙蝠。

有沒有可能，當時仁波切所見到的蝙蝠，其實是菩薩的化現？這個世間有無量菩薩的化身，只是我們的福德不具足，所以看不到，而聖地的殊勝更是超越我們眼前所見的景象。所以不管我們眼前看到了什麼，都要記得自己是爲了什麼目的而來，並且以正確的心態朝聖。

【懺悔支】

步行努日的意義

蓮師祕境努日位於廓爾喀（Gurkha）地區的馬納斯盧山谷裡，目前尚無公路可通達，只能翻越山嶺、跨越吊橋徒步上山。

自古以來，喜馬拉雅地區在文化及信仰上深受藏地影響，蓮師在許多地方留下了大大小小的聖地，根據十四世紀取出《北伏藏》的取藏師仁增貴登所撰寫的聖地文，蓮師在印度金剛座的東、南、西、北四方分別留下了四個重要的秘境，以今日的國界疆土來說，分別是不丹的堪巴隆、印度的錫金（哲孟炯）與貝瑪貴，以及尼泊爾的契摩隆。

而契摩隆的所在地，正是札西堪布的故鄉努日。有趣的是，努日在藏文是西山的意思，爲什麼北方的聖地會出現在西方的山裡呢？對此，堪布解釋道，如果從地圖上來看，努日確實是位於印度北方，然而蓮師當年從西藏貢塘要去羅刹國時，日落西山的方向是在契摩隆，所以這個地區才會被稱爲努日。

前往努日的路上，在山間行走是當地人的日常，婦女經常揹著孩子往返村落之間。

努日朝聖路線圖

（繪圖／Sonia）

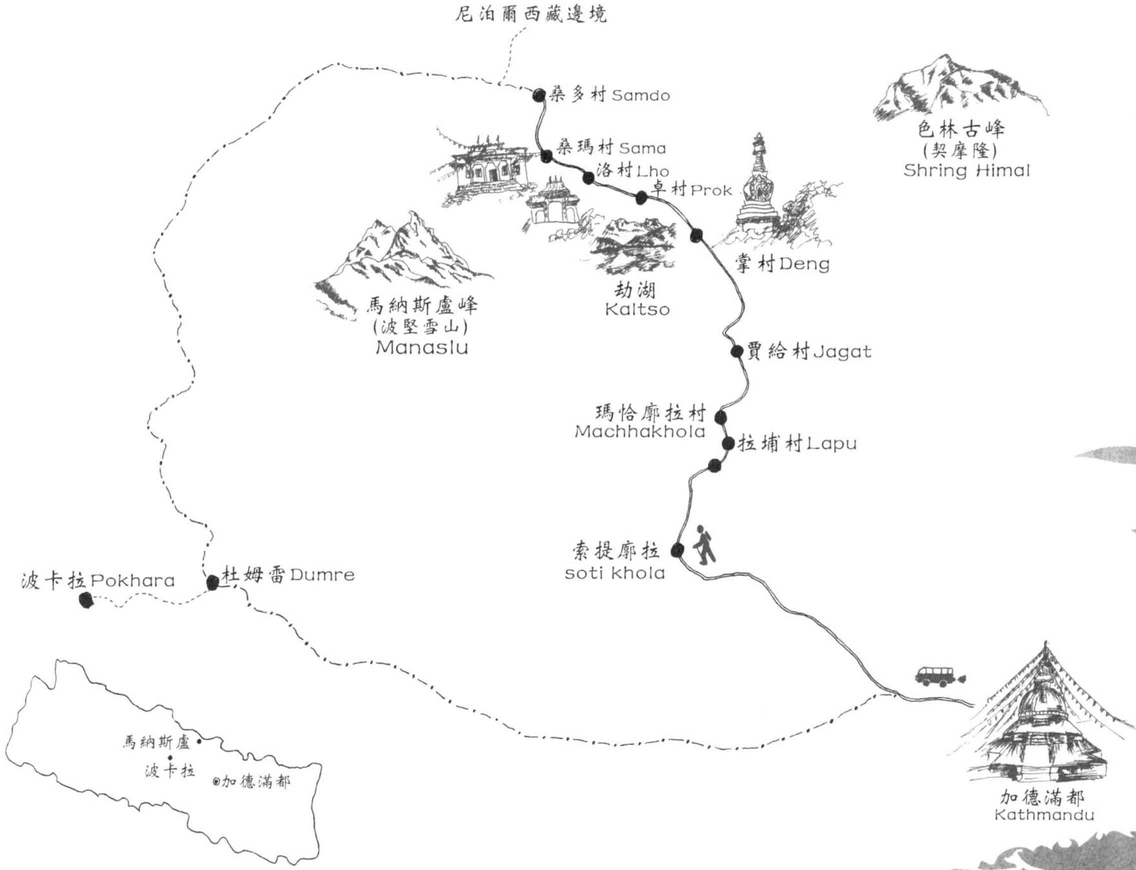
尼泊爾西藏邊境
桑多村 Samdo
桑瑪村 Sama
洛村 Lho
卓村 Prok
掌村 Deng
劫湖
Kaltso
色林古峰
(契摩隆)
Shring Himal
馬納斯盧峰
(波堅雪山)
Manaslu
賈給村 Jagat
瑪恰廓拉村
Machhakhola
拉埔村 Lapu
索提廓拉
soti khola
波卡拉 Pokhara
杜姆雷 Dumre
馬納斯盧
波卡拉
加德滿都
加德滿都
Kathmandu

努日位於中尼邊境，從加德滿都開車往西北行，來到約一百多公里處的索提廓拉（Soti Khola）村之後，還要走上好幾天的路才能抵達努日。而聽說這條通往索提廓拉的公路，也是近幾年才開通的，二〇一五年大方廣的義工稻香師姐到努日的時候，車子還只能通行到距離索提廓拉東南約了十三公里處的阿魯卡德（Arughat）村。

另一方面，努日與西藏之間僅隔著一座山。若從努日以北的桑多（Samdo）村爲起點，翻越海拔近五千公尺的呂（Rui）山到西藏日喀則吉隆縣邊境僅需五個小時，十一世紀的大成就者密勒日巴尊者前來努日的時候，應該就是翻過這座山的吧？

密勒日巴尊者來自後藏地區的芒域貢塘（今喀則吉隆縣），他曾在位於桑多村與桑瑪（Sama）村之間一座海拔四千多公尺的半山腰上修行。這個地方叫做南鳩埔，不過當地人又稱它爲念記埔，意即「一線洞」，因爲據說密勒日巴在前往南鳩埔的途中，看到一塊巨大的岩石，覺得很適合挖洞在裡面閉關，於是他便以一條細細的線，將那塊巨石捆住扛過去。

儘管這種說法在《密勒日巴傳》中並沒有記載，不過從南鳩埔朝著對面的山看過去，會看到山的中央有一個小洞，當地人相信尊者就是從那裡將岩石搬過來，所以才會形成一個洞。

無論如何，尊者眞的很會選地點閉關，南鳩埔的景色優美，藏人口中的波堅雪山，也就是有世界第八峰之稱的馬納斯盧，就位於正後方。如此絕佳的觀景點，在進入了影像年代之後，怎麼

相傳昔日密勒日巴尊者為了調伏魔女，前來南鳩埔閉關，以一條細線將這塊巨岩從對山搬過來。

後人在昔日密勒日巴尊者的閉關之處建立一座小寺院供人前來修行。

從密勒日巴尊者閉關的南嶋埔山後，可以
眺望不輕易露出全貌的馬納斯盧。

可能會躲過攝影師的鏡頭呢？現在許多來自海外的登山客，都會來此觀賞不輕易露出全貌的雪山佳景。不過如果他們沒有和愛說故事的喇嘛同行，可能就不會知道，這裡還有一個形似女人背部的地方，據說那是昔日處處和密勒日巴作對的崖魔女，後來被尊者所調伏。

努日小歷史

根據密勒日巴的傳記，當年尊者就是爲了調伏這位食人魔女，才會來到南鳩埔，並且在此閉關了一個星期，不過當地人卻說，他其實在這裡待了一個月。喜馬拉雅的傳奇故事經常有許多版本，不過總歸來說，尊者通常不會在一個地方停留太久，因爲一旦居住下來，就會產生維繫的執著，爲了扭轉這樣的執著，他經常從一個聖地流浪到另一個聖地，這樣不斷地遷徙，而努日便是其中一站。

當時的努日，居住著原住民貢當（Kutang）人，他們不會說藏文，因此相傳尊者到了南鳩埔之後，就沒有繼續再往下走。不過當地還有另一種說法是，尊者其實最南有到卓（Prok）村，那日剛好遇到有人在辦喜事，他們見到尊者，知道他是一位遊方行者，於是請他賜予祝福，沒想到尊者竟說：「祝你家出現一百個屍體。」

話一出口，這家人臉色大變，這時尊者又說：「你們不高興嗎？那麼祝你家出一個屍體就好。」他們不明白，屍體越多，表示子孫越多，後來這個家庭便代代單傳。

傳說歸傳說，關於努日的歷史，史料記載並不多，不過根據西藏文獻，努日自中世紀起便隸屬貢塘王國，直到十九世紀中葉都是西藏的屬地。

貢塘王國是在吐蕃分裂時期成立於芒域一帶的小王朝，最早建立於十一世紀前後，統治範圍包括拉孜、林布和芒域一帶，以及今日尼泊爾、不丹的邊境，包括努日在內。一六二〇年貢塘王國被噶瑪王國所滅，而沒過多久格魯派的勢力崛起，噶瑪王國也在一六四二年被推翻，爾後的兩百年努日也持續對中藏繳稅，直到一八五六年西藏在一場戰爭中敗給尼泊爾，努日從此成為尼泊爾的屬地。

今日的努日居民，國籍雖是尼泊爾，但在種族上無疑是藏人的後裔，文化、語言也都和藏人相同。我們從索提廓拉一路北行，經由拉埔（Lapu）、瑪恰廓拉（Machhakhola）等地來到賈給（Jagat）村之後，沿路漸漸出現瑪尼石及佛塔，據說從這裡開始就屬於古西藏的境內。

札西堪布出生在位於賈給村西北、桑多村東南的洛（Lho）村，身為牧民的孩子，他從五歲就開始幫忙飼牧氂牛。夏天的時候，年幼的小札西會帶著一群氂牛到更北方的桑多山上，因為在耕種的季節，如果將氂牛群留在村莊裡，牠們會吃掉村裡的農作物，大家生活都已經夠辛苦了，不能再讓這樣的悲劇發生。

桑多位於中尼邊境，邊界有一個界碑，一面寫著中文、一面寫著尼泊爾文，堪布說印象中那個界碑大約是在他八歲的時候才豎立的，在那之前中尼之間其實並沒有如此清楚地劃分界線。

這一道國界，讓努日與西藏變得咫尺天涯，另一方面隱藏在山谷裡的努日又與加德滿都千里相隔，許多物品都要靠驢隊運上山，因此山上的物價往往比平地還要高，同樣的東西到了山上可能要多出一倍的價錢。

赤松德贊的後裔

不難想像，在如此封閉的山區裡，自然也缺乏良好的教育機構。當地的孩子沒有見過世面，不知道自己在學習上的弱勢，爲了不讓他們輸在起跑點，同時又能保有佛教徒的文化傳統，札西堪布才會在加德滿都設立一所以佛教思想爲底蘊的前譯紀念學校，這裡除了教導由尼泊爾政府所規範的國民教育之外，還多了藏文及佛法課頌，來自偏鄉的學生們可以從幼稚園免費寄宿到十年級。

其實如果按尼泊爾的學制，高中是到十二年級，不過由於當初堪布創校的時候僅申請到十年級，如果將來要再往上辦，就必須再向政府申請。我們二〇一八年到訪的時候，最高班別只到七年級，校方會隨著孩子一年一年的成長繼續往上開班。

「以前我在南卓林寺讀佛學院的時候，每年寒暑假回努日探親，總會有人自願要跟我去南卓林，但現在時代不一樣，已經沒有人要出家了，所以我不得不辦小學，藉由看似世俗的學校，將佛法及文化傳承下去，這樣尼泊爾的眾生才會有快樂可言。」札西堪布說，現代教育固然重要，但如果沒有學習佛法，眼裡只是世俗的功名，就會產生無謂的競爭和壓力，而無法獲得心靈上的快樂。

前譯紀念學校的學生們大多來自努日，這一次堪布利用尼泊爾秋季的長假——印度教秋季的大節慶，慶祝杜迦（Druga）女神打敗魔王的九夜節假期，帶著五、六、七年級共計九十多名學生們一起徒步返鄉。

這次的返鄉行對於這些學生而言意義甚大，因爲在學校落成沒多久之後，尼泊爾就發生了大地震，當時山上有許多孩童都被帶到學校安頓，他們已有三年不曾回家，思鄉的心情可想而知。另一方面，堪布也想藉此機會帶這些高年級的學生們去巡禮蓮師聖地。

遊覽車上貼著「前譯紀念學校校外教學2018」的字條，師生們先坐巴士從學校出發到索提廓拉，從那裡開始徒步上山。

高年級的學生們穿著整潔的制服、揹著書包，在早集合上唱誦祈請文，準備出發前往努日。

前譯念紀學校的學生大多來自貧困家庭，學校免費供應吃住，讓孩子們能夠專心讀書。（攝影／郭怡青）

該校以佛法為底蘊，讓孩子在接受現代教育的同時，也能接觸佛法。（攝影／郭怡青）

「西藏有句諺語：『住在拉薩，沒去過八廓街。』我雖然是努日人，但也不是所有的聖地都有去過，更別說是這些孩子了，所以我想帶他們去瞭解自己的文化。」堪布表示，努日是一個很殊勝的地方，蓮師在桑耶寺落成後，曾對藏王赤松德贊說：「只要你的後嗣沒有斷絕，我對你們的關愛也不會斷絕。」

時至今日，在西藏北方，仍有赤松德贊的血脈，其中有一支後來在努日生根，當代最知名的人物莫過於當地人口中的爺爺札西多傑，他是努日最德高望重的大上師，也是措尼仁波切以及明就仁波切的外公，不過他老人家已於二〇一七年圓寂。

已圓寂的札西多傑仁波切，是赤松德贊王的後裔，也是努日近代最受尊崇的成就者。（圖片提供／措尼仁波切）

在來到掌村之後，就進入努日地區，札西堪布在舍利塔前頂禮。

瑞光祥照的聖湖

相傳蓮師曾在一千多年前造訪過努日，爲了使赤松德贊的子嗣不絕，並且利益整個南瞻部州，蓮師在此存封了許多珍貴的伏藏，並且留下許多聖地，如伏藏泉水、聖湖等，其中名聲最爲響亮的莫過於契摩隆與波堅雪山。

契摩隆在藏語的意思是「有狗守護的地方」，因爲據說在其四方入口處都有守門者（即護法），所以在那裡可以看到四個形似狗趴著的天然石頭。那麼這些狗護法要守護什麼呢？據說那裡有座形似寶瓶的山，藏語稱作札西巴桑，裡面存封著赤松德贊王的魂伏藏，是屬於一種財寶伏藏，不能夠取出，必須留在裡面，後世才能獲得財富受用的成就。

「一般我們禮佛，最主要的是信心，所以不是一定要到寺院裡對著佛像近拜才算數，也可以從任何地方以觀想的方式遠拜。但是魂伏藏不一樣，如果想要獲得魂伏藏的成就，就必須親自到當地去做煙供，或以茶酒供養護法。就算到不了聖地，至少也要在眼睛能夠看到的範圍內才會有作用。」札西堪布說，朝聖是很好的緣起，佛經中有明確記載關於朝聖的功德利益，而蓮師也曾經開示，如果我們以虔誠的心去造訪過去一些大成就者曾經修行或駕臨過的地方，將能夠因著他們所發下的大願力而獲得加持。

契摩隆位於努日中部以北的薩壤（Syarang）村，那條山路非常難走，我們這次只走到了位於契摩隆南方的畢希（Bihi）村，途中看不到契摩隆，只能眺望位於契摩隆右方的一座山。我們來訪的時候，努日才漸漸要進入冬季，有些地方雖然已經飄著初雪，但延綿山脈還沒有被白雪覆蓋，契摩隆右方的那座山頂上，剛好有兩點對稱的雪堆，猶如兩個眼睛居高臨下地眺望著我們。

「你們看，像不像忿怒尊的樣子，守護著契摩隆？契摩隆就在那兩個眼睛的左方。」札西堪布說，這是一個很難得的景象，下次我們再來的時候，就不會是這個樣子了。

在劫湖的下方，有一個石頭堆成的小佛塔，札西堪布在此獻上哈達，以高亢的「奇奇索索」之聲，祭祀守護當地的戰神和境神。（攝影／郭怡青）

十月的努日已開始飄雪，契摩隆右方的山頂正好有兩點對稱的雪堆，猶如忿怒尊的雙眼守護著契摩隆。

雪山相映的劫湖，相傳在天地形成
時就已存在，故稱為「劫」。

劫湖是努日下方的重要聖地，十七世紀的取藏師噶旺多傑曾在此授記，只要後世來此獻供寶瓶，讓聖地的加持力延續不斷，將來便可生出鹽礦。

而從這個地方，我們便順著山路轉向西行，朝著藏人口中的劫湖（Kaltso，又名 Kalchhuman 湖）以及波堅雪山的方向前進了。

四面環山的劫湖位於卓村的山谷裡，據說它是在天地形成時就已經存在，因此稱之爲「劫」，而聖湖的附近，聽說還有它的祖母湖、父親湖、母親湖以及姊姊湖，不過我們沒有時間一一前去，因爲札西堪布必須先到附近一座古老的寺院舉行開光儀式。

以蓮師宮殿桑多巴利命名的巴利寺，是當地最古老的寧瑪寺院，據說已有千年的歷史，但也在二〇一五年的那場地震遭受毀損，在當地人的協力之下重新修復，

十月的劫湖寒風刺骨，原本要紮營過夜的我們，被特別通融和同行的堪布們寄宿在山丘上的小佛堂裡。

這次剛好藉由堪布返鄉的契機，恭請堪布去爲寺院開光。

我們抵達聖湖的時候，已經接近黃昏，天空霧茫茫的一片十分寒冷，學生們忙著在湖邊搭帳篷，而我們這群被通稱爲「賈米」（藏語華人之意）的台灣團隊則是縮成一團，躲在山丘上的小佛堂裡。

那夜我們其實原本應該是要在小佛堂外的草皮上紮營，但是我們這些來自海外的「三薄」弟子們都已經病懨懨了，有人頭痛、有人喉嚨痛、有人流鼻涕、有人筋骨痠痛、甚至還有人發燒，於是慈悲的札西堪布便特別通融，安排讓我們住在小佛堂裡。

那是一間小小的石砌小屋，在昏昏暗

清早我們在劫湖看日出，金色的小太陽外圍被一層薄雲環繞，透射出一圈吉祥的瑞光。

暗的小空間裡，擠了十一位來自台灣的師兄姊，以及五位同行的堪布，男生睡一邊、女生睡一邊，整個空間剛好可以讓大家排排躺，再多一人也塞不下。這真的是一個很特別的體驗，大家擠在一起感覺格外溫馨，每個人縮在自己的睡袋裡，即便連翻身的空間都沒有，但比起在寒風中紮營的學生們，我們真的是備受禮遇。而且說來慚愧，札西堪布都已經六十歲，他老人家也是紮營睡在佛堂外，讓我們這些「三薄」弟子自嘆弗如。

翌日清晨，盡責的攝影師後良天還沒亮就起身去等日出，五點多就聽見他對大家喊著：「好美喔，你們快出來看！」

雖然在刺骨寒風中，我們都不想離開

札西堪布帶領大家環山繞聖湖一圈做煙供。（攝影／郭怡青）

溫暖的睡袋，但是前來一趟聖湖不容易，大家還是很努力地爬起來。

走出佛堂的那一瞬間，我們看到對面高山延綿的天空上掛著一顆金色的小太陽，外圍被一層薄雲環繞，透射出一圈彩光，堪布說這是難得瑞光，大家的內心都充滿法喜。

繞到佛堂的另一側，我們可以看到山丘下的聖湖。儘管太陽被高山遮擋住，但陽光從山後照耀出來，將湖水染成一片橘紅，再襯上白色的雪山倒影，猶如一幅美麗的油畫，看到這樣的景色，一切都值得了。

那天早上，我們在湖邊修完薈供之後，札西堪布帶領大家繞山一圈做煙供，並請人在湖中央的大石頭旁埋藏由多竹千法王所加持的三個寶瓶。據說在十七世紀的時候，有位來自西藏的取藏師噶旺多傑，他曾經在聖湖裡居住了一個星期，然而當他從湖裡出來時，身上卻連一滴水都沒有。那時他曾授記，如果後人能不斷地在那塊岩石旁多獻供寶瓶，並且多做祈請和灑淨，讓聖地的加持力延續的話，將來這個地方就會產生鹽礦。由於鹽在高原地區非常珍貴，倘若眞能出現鹽礦，就不用靠外地運輸，對當地的生活也會有很大的改善，因此許多上師來到劫湖都會埋藏寶瓶。

在圓滿了煙供之後，越來越多穿著藏服、戴著頭飾、項鍊的信眾也都陸陸續續地聚集在湖邊，下午堪布爲附近的村民傳授蓮師成就灌頂，許多人都攜家帶眷、盛裝打扮地前來參加。

平時在台灣，由於在法會上需要盤坐的緣故，大家都會盡量穿著輕鬆，可是對於藏人而言，盛裝參加是對法的尊重，因此無論再怎麼貧窮，也要戴著自己最華麗的項鍊、頭飾來參加，大帳篷內裡擠滿了身穿傳統藏服的人，場面極爲盛大。

札西堪布回到兒時出家的前譯波這寂靜寺，在此舉辦法會，喇嘛在畫了法輪的地上跳金剛舞。（攝影／郭怡青）

札西堪布回到自幼出家的寺院主持開光法會，洛本策望諾布仁波切的舍利子就供奉在殿堂上方的小閣樓裡。

札西堪布出家的因緣

隔天早上，我們一行人浩浩蕩蕩地離開卓村，繼續往西方前行，經由南瓊（Nanjong）村、利拉（Lila）村來到希南（Hinan）村，這裡有一座寺院，是由已經圓寂的洛本策望諾布仁波切所創立。札西堪布在努日有三位上師，包括之前提過的札西多傑仁波切以及現年九十多歲的洛本究美仁波切，但最主要的上師就是這位洛本策望諾布仁波切。

堪布在他八歲的那一年，開始跟著洛本策望諾布學習佛法，出家的因緣要從一頭牛說起。那個時候，小札西負責照顧的一頭老乳牛不見了，他怎麼找都找不到，在他的追問之下，才知道原來他的父母已經把那頭老牛帶出去和別人家的老牛做交換了。

這是當地牧民家常見的一種交易，因為對於生活困苦的牧民而言，無法生育的老牛就形同沒用，他們既沒有餘力多養，又不敢屠宰自己養的牛，因此形成了和別人交換牛來食用的習俗。

然而這個被牧民視為日常的事件，卻對小札西造成了莫大的衝擊，他每天餵食老牛，已經和牠培養出感情，所以完全無法接受這樣的交易。當時他雖然年紀輕輕，卻深深感知到世間的疾苦，於是偷偷跑去出家。

在那個年代，努日的生活條件十分拮据，缺乏現代醫療，所以小孩子很容易夭

洛本策望諾布是札西堪布在努日的主要上師，自幼他便跟隨上師出家學佛。（圖片提供／林稻香）

高齡九旬的洛本究美仁波切，是札西堪布在努日的三位上師中，唯一仍住世的。
（攝影／郭怡青）

札西堪布八歲的時候就在洛本策望諾布的寺院出家，十一歲至十五歲曾隨上師在寺院上方山林裡的小木屋閉關。（圖片提供／堪布札西徹令仁波切）

折。就在換牛事件發生的前後，小札西的哥哥、弟弟以及妹妹也都相繼離世，他的父母當然不希望碩果僅存的孩子去出家。

「如果你們將現在這個孩子供養給佛法，也許往後生下的孩子就能存活下來。」後來是備受尊重的札西多傑仁波切出面替小札西說話，他的父母才勉強同意讓小札西跟隨著洛本策望諾布學佛。

小札西剛出家的時候，什麼都不會，連繫腰帶也要上師幫忙，而今換作是札西堪布在協助努日的小喇嘛們，儘管洛本策望諾布已經圓寂，但他的慈悲依然在札西堪布的身上延續了下去。

前譯波這寂靜寺是洛本策望諾布閉關長達四十年的法座所在地，我們在寺院裡留宿了兩夜，喇嘛們戴著面具在寺院的廣場裡跳著金剛舞，堪布並賜予村民們《持明總集》長壽灌頂，大家都非常高興能夠見到堪布。

神聖的波堅雪山

離開希南村之後，我們經由秀（Sho）村來到堪布的家鄉洛村，而努日的另一個主要聖地波堅雪山，位於洛村與桑瑪村之間，那裡是勝樂金剛的聖地，據說蓮師曾經以神通的方式前來，以普巴橛和寶劍調伏了一位化身爲毒蛇的魔，並且留下了腳印。

通往蓮師聖地的小山路，隱藏在山的後方，若沒有當地人帶路，根本看不出有路可走。這條

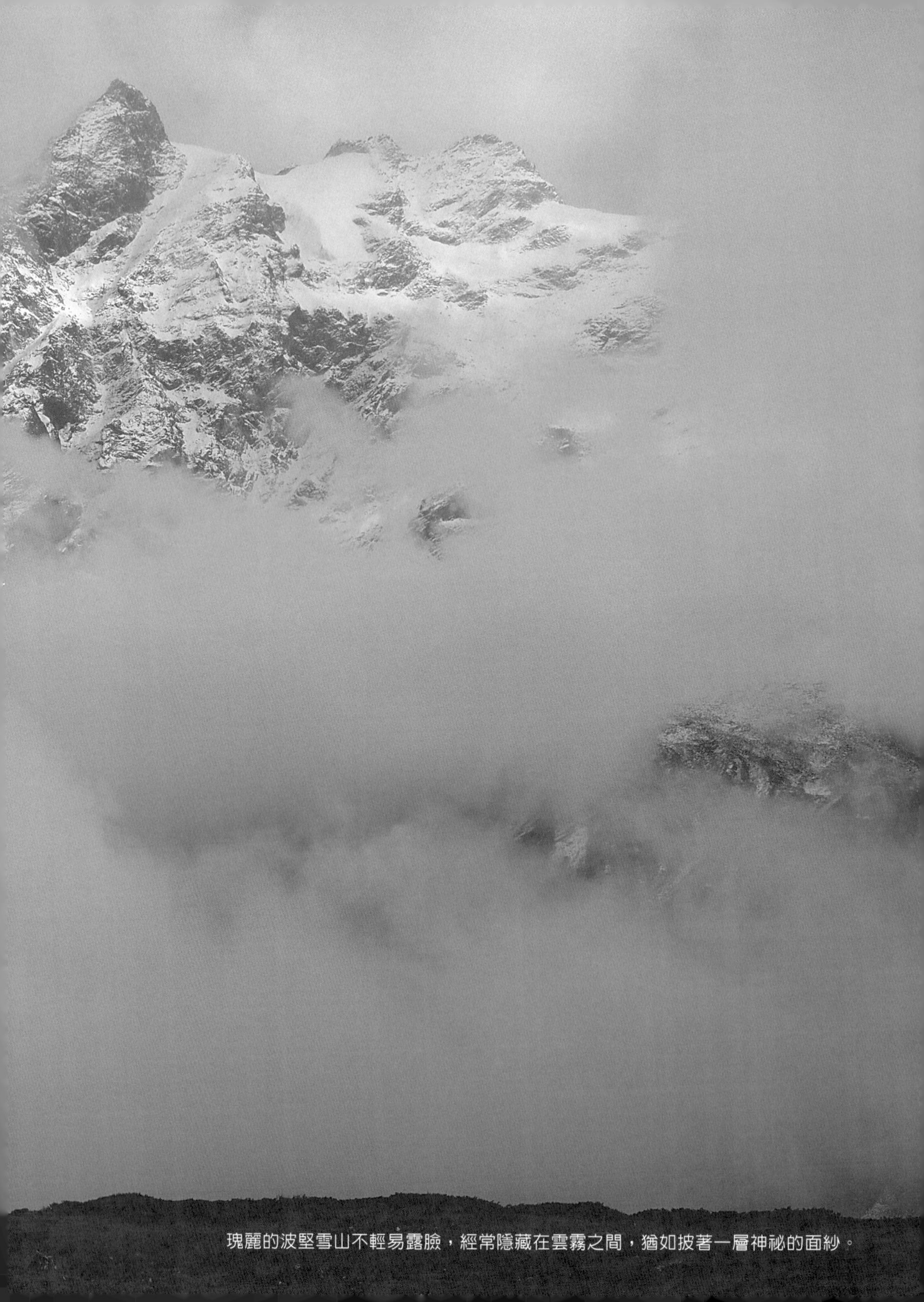

瑰麗的波堅雪山不輕易露臉，經常隱藏在雲霧之間，猶如披著一層神祕的面紗。

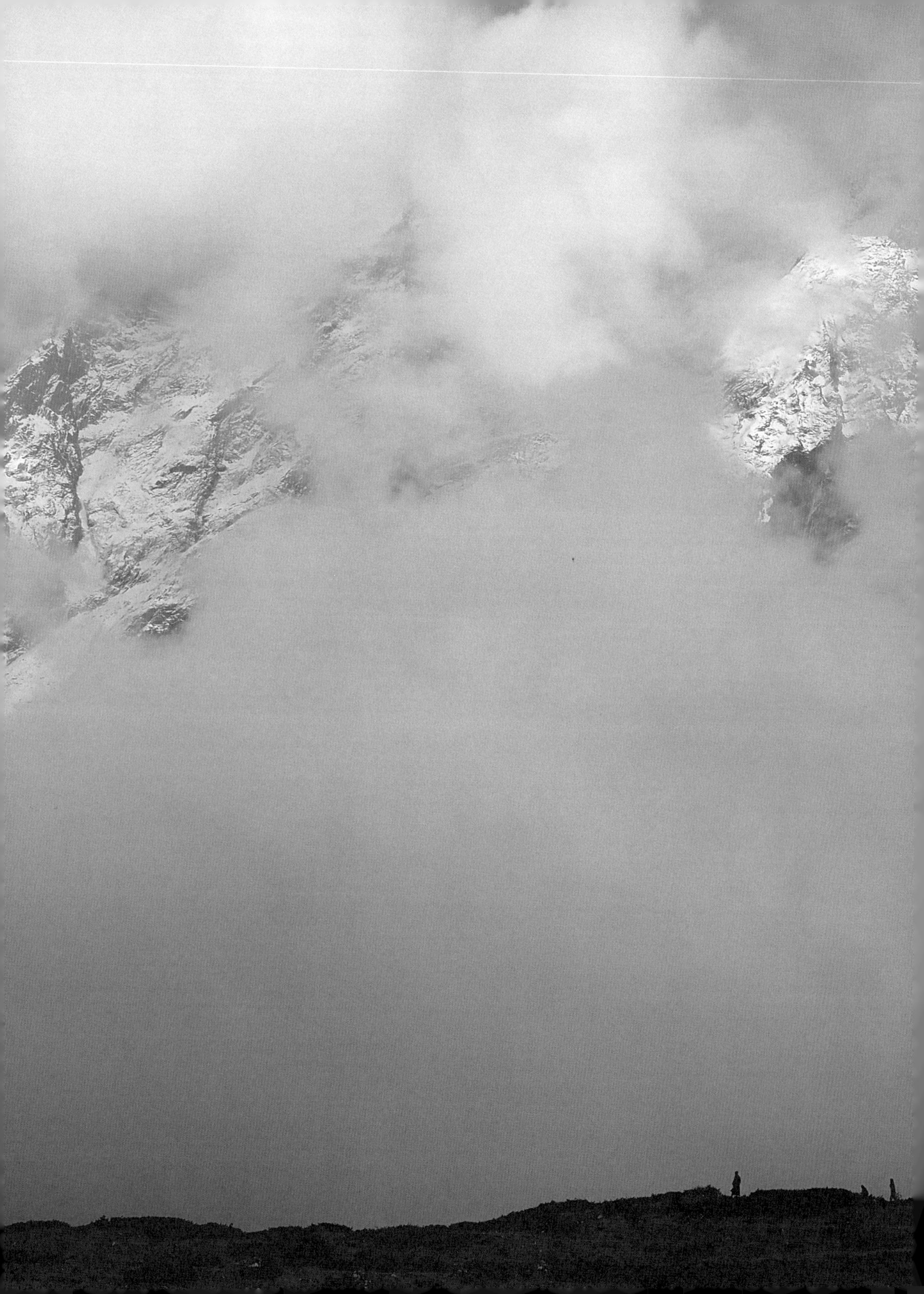

札西堪布帶領大家在波堅雪山的寺院前做煙供。

路又窄又陡、幾近垂直，攀爬過去之後會來到一片廣大遼闊的平原，四面環繞著雪山，迎面有一座簡陋的石砌寺院，札西堪布在這裡做完上供的煙供之後，外面就飄起了雪，大家非常興奮，說這是吉祥的徵兆。

據說這個聖地之門是由昔日當地一位成就很高的布衣行者惹巴桑顛旺秋所開啓。有一天，他在進入大圓滿明光境界的時候，有位白衣人前來問他要不要去朝見以前印度薩霍國王的宮殿，於是成就者便隨著白衣人來到了一座山上。

成就者在那裡遇見兩位門巴族的人，他們是分布在尼泊爾、印度之間的少數民族，有特殊的帽子和穿著打扮。

「你們要去哪裡、做什麼？」成就者問。

「我們是來繳聖地稅（定期供養）的。」他們回答。

之後他們來到聖地，聖地有聖地的山門，他們進去後，依序看到石匠、木匠、鐵匠、銅匠、銀匠、金匠，然後來到一個很大的平原，看到一座十三層的宮殿。在宮殿的四方都拉著鐵線，並分別有狗守護著。來到第十二層樓的時候，殿堂裡有三尊佛像，中間是蓮師、右邊是觀音、左邊是金剛手菩薩。第十三層樓有一個非常豪華的大寶座，上面是印度薩霍國王，周圍有無數曼妙美麗的女子，對國王獻上各式各樣的供養。

波堅雪山共有七個聖湖，水源
來自雪山流下的融雪。

位於波堅雪山海拔約四千公尺處的遼闊平原，相傳蓮師曾前來調伏蛇魔。

蓮師曾在照片左上方的山洞內閉關，現已建成石屋讓修行人來此閉關，不過下大雪時就須下山。

此時成就者從禪定的境界中醒來，他無法確定是否眞有這樣一個聖地，還是只是鬼神所現的幻影，因此將夢境記錄了下來，去找以前修復大佛塔的大成就者策旺諾布，由他來應證這個光明境界是眞實的。

波堅雪山的山峰形似M字、有兩座山頭，據說蓮師爲保護當地平安，確保的福德緣起，在較高的山峰存封了《甘珠爾》、較低的那座山峰存封了《丹珠爾》這兩部大藏經。而在前往聖地的半山腰上，有一面山壁綁著許多藏人稱爲「哈達」的吉祥絲巾，堪布指著一面岩壁上一處灰白交錯的凹洞對後良說：「你看，這就是蓮師伏藏的鑰匙孔，不

蓮師在前往羅剎國之前，存封了許多伏藏留給後世，在前往波堅雪山途中的一塊岩石上，也有一個伏藏的鑰匙孔，待日後因緣具足時由取藏師取出。

過只有因緣具足的取藏師才有辦法打開呀。」

這一幕讓才開始接觸佛法不久的後良印象深刻，慈悲的蓮師在離開世人所居住的南瞻部州之前，已經替未來的眾生佈署了一切，佛法在末法時代顯得尤其珍貴。

登山客的馬納斯盧

而這個藏人眼中的雪山聖地，長久以來一直與外界隔絕，直到一九五〇年代隨著日本登山隊的到來而登上國際舞台。不過吸引他們前來的，不是勝樂金剛或蓮師，而是海拔八千一百六十三公尺、形似M型的雙峰。藏人口中的波堅雪山，正是世界第八高的馬納斯盧山。

起初努日人並不歡迎日本登山隊，因爲一九五三年雪山發生了一場強烈的暴風雪，山上的寺廟被覆蓋在茫茫大雪之中，導致三位尼師喪命，當地人認爲是登山客打擾了神聖的雪山才會發生這樣的悲劇，不過雪山終究還是在一九五六年被日本登山隊成功攻頂。

而今有些登山客視馬納斯盧爲挑戰珠穆朗瑪峰的暖身點，不過攀爬任何海拔超過八千公尺的山都存在著風險，攻頂更不是一件容易的事。馬納斯盧總共有四個基地營，可以從加德滿都搭直升機到桑瑪村，從位於海拔四千八百公尺的第一個基地營出發，不過沿途有許多路段幾近垂直，據說從三營要到四營的路途尤其陡直難行，根據《喜馬拉雅資料庫》的數據顯示，攻頂的成功率約百分之六十。

征服高峰是許多登山客的夢想與榮耀，然而如果背後沒有擅走山路、瞭解地形的雪巴人領路也不可能達成。自一九五〇年代起，勇闖喜馬拉雅的登山隊雖然爲這些無名英雄帶來了收入，但同時這也是個風險極高、缺乏保障的工作，畢竟在荒蕪的深山裡，隨時可能發生山崩、雪崩，就算動作再敏捷也難保不會失足，甚至因此喪命，萬一發生意外，恐怕連帶家人的生活也會陷入窘境。

處處驚險的山路

其實別說是攻頂，就算只是去健行或朝聖，都要走上好幾天險惡的山路。儘管馬納斯盧環線早在一九九二年就開放對外，但它不像台灣的國家公園有完善的登山步道，沿著急促的布迪甘達基（Budhi Gandaki）河往北行，通往努日的道路不是懸崖峭壁、就是洶湧急流，連最基本的安全柵欄也沒有，還要隨時將窄小的道路讓給馱著行李的驢隊先行，萬一在途中有什麼三長兩短，恐怕也是凶多吉少，所以就連在地人，上山下山也都會結伴同行。基於安全考量，海外遊客在上山之前，必須先申請入山證，並且由當地領隊帶路。

「我第一次走路上山是二〇〇八年的夏天、第二次是二〇一五年四月地震發生之前，這一次再來，感覺上沿途也沒有太大的變化。不過第一次走路是七天，第二次變成五天，也就是說在地震之前，有幾段路變得比較好走，但這一次來，感覺路況又變得比地震之前還糟糕！」稻香師姊比較著三次健行上努日的路況說。

二〇一五年的那場大地震，放慢了努日開發的腳步，許多道路迄今仍在修復中，而原本預計要開通的新公路，則因經費不足而暫時停擺，導致有些已經炸山的路段，滿地被大小不一、凹凸不平的石頭所覆蓋，通行時要爬上爬下，反而更加難行。

前往努日聖地的道路崎嶇難行，貨物運送只能依靠驢隊，無論是橫跨山谷的吊橋（上圖攝影／郭怡青）還是懸崖峭壁都難不倒牠們。

努日朝聖的路途到底有多艱辛？回想起來，這一路上我遇到的狀況還眞不少，從步行的第一天起，我就已經開始和驢子過招了。

那天我們以索提廓拉村爲起點，經由拉埔（Lapu）村前往廓拉班西（Khola Bensi）村，出發時一批接一批、身穿制服的藍衣大隊，走沒多就已經分散，腳程迅速的學生們早就已經不知身在何處，我還傻傻地停留在途中的懸崖邊，慢條斯理地拿起相機，準備拍攝滾滾奔騰的布迪甘達基河。此時不知從哪冒出一隻失控的驢子，突然從我身後撞上來，還好札西堪布眼明手快地從後面拉住我，否則我可能已經飛下山崖了。

翌日下午，我們從多門（Domen）村走往賈給村的途中，經過一條極窄的路，一面是流水急促的斷崖，一面是陡斜的峭壁。那個時候我和來自南卓林寺的楚千堪布同行，走著走著似乎聽到一陣鈴聲隱隱約約從身後傳來，等到我們恍然大悟是怎麼一回事時，奮勇直前的驢隊已經駕到了！

在那瞬間，我和楚千堪布沒有退路，只能緊緊貼著峭壁，一腳踏地，一腳跨在山壁上，讓驢隊從我們身邊先行通過，不知情的人要是看到這一幕，可能還以爲我們是在山上挑戰終極瑜伽呢！

不知道是我與動物特別有緣，還是個子太小被當成同類，這一路上動物似乎特別喜歡朝著我擠過來，就連通常看到人就會害羞地閃邊站的羊群，看到我也是毫不退縮地迎面而來。

還記得有一次在過吊橋的時候，走到一半，橋的另一端來了一群羊，牠們絲毫沒有暫停或退讓的意思，群體不一的腳步及重量導致吊橋強烈搖晃，而橋的下方又是轟隆隆的急流，我心想好吧，那就讓你們先走，正打算回頭時，豈知後方又來了一群羊也上了吊橋，兩群羊將我包圍住，站在橋中對峙著，誰也不肯讓步。站在羊群後方的牧羊人覺得很有趣，對著我哈哈大笑，然後硬是將羊全趕過橋，而我

走在人煙稀少的山區，遇到的動物比人還多，除了身負重任的驢隊之外，集體出來吃草的羊群也是常客。（攝影／郭怡青）

徒步前往努日聖地的途中，會經過許多隱藏在山林裡的村落，經常可見當地婦女揹著籃子、帶著孩子在附近採葉子回去餵食家中飼養的牛羊。（攝影／郭怡青）

也在一片混亂中隨著羊群被擠過岸。

不過最驚險的一次是發生在步行第四天，那天下午我和一位女老師從畢希村西行朝著加坡（Gap）村的方向走，當我們來到一側是斷崖的上坡路時，剛好遇到流沙，一陣碎石隨風墜落，然而當時我們已經走到一半，只能硬著頭皮快速往前爬行，結果先行的女老師平安地過去了，而我卻被落石砸到，所幸不是砸到頭，而是砸到右側接近髖骨肉較多的地方，當下除了一大片的瘀青之外，沒有其他外顯的傷痕。

不過由於我的髖關節及腳踝原本就帶著舊傷，在被石頭砸傷之後更加重了膝蓋的負擔，到了旅途的後半段，我的膝蓋已經受傷，連走平地都有困難。所幸蓮師加持，從第五天起我們這些來

原本預計要開通的新公路，雖然有些路段已經炸山，卻因近年來的天災而停擺。

自海外的賈米開始有馬可騎，不過由於努日的山路很陡，通常只有上坡可以騎馬，而且遇到斜度較高的路段，還是必須下馬步行。然而當時我的膝蓋已經完全無法施力，只要走動就會疼痛，原本扶我行走的馬伕，擔心我的速度太慢會跟不上隊伍，索性像當地人平時揹著大鍋子上山一樣，以帶子纏住我用揹的，還一路以我的藏文名字唱著：「貝瑪拉嫫，不會走路。貝瑪拉嫫，不會騎馬。貝瑪拉嫫，比鍋子還要輕。」沒過多久，「不會走路的貝瑪拉嫫」已經傳遍了努日，而我也終於明白什麼叫做「好事不出門，壞事傳千里」了。

坦白說有段期間，我還眞有點擔心是不是膝蓋的軟骨受損，返台後做檢查，幸好只是膝蓋移位，不過之後有莫約三個月的期間，我依然無法上下樓梯，在經過幾次的治療後才慢慢恢復。

朝聖消業障

「這麼一大隊人馬，大家能夠平安抵達，眞的很不簡單。尤其那個土石流路，我自己能夠走過來都覺得太不可思議了。」這次努日行的艱辛，超乎了大家的想像，第一次前來的謝師兄也說，他的感受非常深刻，因爲一不小心就有可能粉身碎骨，很高興大家都很平安。

既然前往努日的道路如此艱辛，爲什麼札西堪布還要帶著學生們走路返鄉呢？

首先，這樣的環境對於當地人而言是日常，儘管不是沒有風險，也曾發生過墜谷、落馬等重大意外，但在沒有直升機以前，這是唯一可以往返的方式，而大多村民也坐不起昂貴的直升機。

這些藏族的孩子，雖然只有十來歲，但是個個吃苦耐勞，就連女生也都可以一個人扛好幾個背包在山裡健行，從煮飯到紮營都難不倒他們。說來慚愧，在尚未前來努日之前，我還天眞地想著到時要幫忙照顧孩子，結果一路上反而都是被學生們照顧，和他們比起來，我們這些來自台灣的弟子根本就是養尊處優。

其實這也是爲什麼堪布要帶著我們上山的原因之一，他想讓大家瞭解自己有多幸福。

「大家平時都住在舒適的房子裡，來到努日住帳篷，可以察覺自己內心的變化。」堪布說，九二一大地震發生的時候，他剛好在台灣，當時他聽到了許多怨言，讓他很感嘆，其實台灣的生活環境眞的很好，沒有來過尼泊爾的人不知道自己平時有多幸運，遇到問題的時候，只要想想努日人的日常，就不會怨天尤人了。

不過堪布率隊帶領大家步行最主要的目的還是在於朝聖，因爲努日是蓮師的聖地，徒步上山的意義與搭乘直升機截然不同。

「朝聖的主要目的是爲淨化眾生與自身的蓋障，這一路上你可能會遭遇到各種問題，例如頭痛、腳痛、肚子痛等，但如果你能明白這些過程都是在消除障礙，並時時保持利他的心態，內心自然會充滿法喜。」堪布說，在前來朝聖之前，我們首先必須建立一個正確的心態，如果我們在意的只是沿路的景色美不美、吃住好不好，那麼雖然名義上是去朝聖，但實際上和觀光並沒有兩樣。

「到努日的路程雖然很辛苦，一路上既不能洗澡、又沒有廁所、吃住也都很簡單，但沿途都是殊勝的聖地，我們應該要想著什麼時候可以見到聖地，並隨喜途中所見的一景一物，如此無論遇到任何的違緣都可以克服。」堪布說，以前他的根本上師們也曾說，如果能到聖地，自己的信心就能與諸佛菩薩的發願結合、自然產生加持力，所以他對聖地特別嚮往。

在沒有直升機以前，徒步是唯一可以從努日山谷往返市區的方式，藏人相信以利他之心一步一腳印地上山朝聖可以消除業障。（攝影／郭怡青）

我昔所造諸惡業，皆由無始貪瞋癡，從身語意之所生，一切我今皆懺悔。

七支供養中的第三支是懺悔，主要是對治瞋心。札西堪布說，消除業障和懺悔是一體兩面。我們從無始以來，就因著貪瞋癡不斷地造業，舊的業障還沒清除，卻又因一念瞋心造下新的業障，如此越累越深。只要我們的業障未清，就很難從輪迴中解脫，所以懂得如何懺悔消業很重要，而步行朝聖也是一種能夠清淨業障的善巧方式。

朝聖如何利益眾生？

「所以來到聖地，如果發生頭痛、嘔吐等障礙，都是很常見的現象，經歷越多的磨難，越能夠淨除蓋障。」札西堪布說，很多人以爲朝聖很殊勝，所以一路上應該要特別順遂才對，其實朝聖的其中一大目的就是要淨化業障，如果太過享受，就和旅遊沒有差別。

據說以前賈札法王有位女弟子在去印度貝瑪貴朝聖的時候，因故往生，許多人不解地去請示仁波切：「她不是爲了淨化染汙才去朝聖嗎？會什麼反而會死在那邊？」

仁波切回答：「其實最殊勝的朝聖是死在聖地，因爲如此將能夠直接投生到淨土。中等的朝聖是在朝聖的過程中遭受各式各樣的苦難，藉此來消除種種染汙蓋障。如果在朝聖的過程當中，

努日秘境藏身在偏僻的深山裡，是爬山還是朝聖在於心念是否純正。

你一路上都很順遂，就連肚子也不餓、頭也不痛，那就表示朝聖根本沒有爲你帶來任何清淨業障的效果。」

當然仁波切所指的種種磨難，都是在發願利益眾生的前提下自然示現的現象，而非由於自己的輕忽所導致的意外。因此一路上，札西堪布還是一再呼籲大家，來到荒山野嶺，一定要格外注意自身安全，如果是因爲自身的不慎而發生意外，是毫無意義的皮肉之苦，不會消除任何業障。最重要的是，我們必須要瞭解朝聖的意義，如果沒有正確的動機，那麼儘管表面上是去了聖地，但實際上也不過就是兩隻腳在山上走路，當然更談不上利益眾生或是消除業障了。

也許你會想，明明是我們在體驗朝聖過程的辛苦，爲什麼眾生能夠因此獲得利益呢？對此，札西堪布說了一則關於密勒日巴尊者的故事。

話說密勒日巴有一回在大雪山修行的時候，連下了六個月的大雪，道路完全被雪覆蓋無法行走，山下的施主們沒有辦法爲他送糧食上山，心裡很著急，想說這下完蛋了，尊者應該是死在山上了，於是便在山上幫他修薈供。

過了半年之後，大雪終於停了，施主們心想，就算尊者已經圓寂了，好歹也要上山去尋找他的屍骨，沒想到他們到了山上，卻發現尊者還活得好好的！

施主們見到尊者安然無恙，激動地說：「眞是太好了，我們還以爲您已經死了，還幫你修了薈供呢！」

尊者笑著回答說：「有有有，謝謝你們，我有收到，你們修的薈供對我很有幫助。」

薈供雖然是在山下修持，但是在山上的密勒日巴依然感受到了，所以才讓他在最慘烈的狀態中沒有餓死。如同這個例子，雖然是我們在體驗朝聖中的艱難，但只要我們誠心發願要利益一切眾生，這個善願的力量自然也會利益到他們，因此我們在朝聖的過程當中，必須時時憶念著：願我和一切眾生都能消除業障。

「其實不是只有在朝聖的時候，如果你平時也經常會有頭痛等問題，千萬不要唉聲嘆氣，而是要想著：輪迴就是這麼苦，也有很多人和我一樣正在受到頭痛的折磨，我願以我的頭痛淨化所有頭痛人的痛苦。」堪布說，一個好的修行人會時時以善良的心做自他交換，不斷地願他人離苦得樂。身為佛教徒，我們要時時能夠察覺到自己的動心起念，減少造業的機會，並眞心為往昔所造的惡業懺悔，如此必然能夠利益到眾生。

【隨喜支】

學生的漫漫返鄉路

二〇一八年十月，札西堪布帶領在加德滿都讀書的努日學生們返鄉探親，並巡禮蓮師聖地。

每天清早天尚未亮，戶外就傳來腳步聲，學生們已經起床刷牙、洗臉，準備迎向新的一天。打從眼睛睜開後，他們就沒有停息過，要在短短的時間裡換衣服、吃早餐、做早課、拔營，繼續前往下一個驛站。

他們一批接一批的出發，而我們這群賈米則是各自依照自己的腳程慢慢行走，當我們看到揹著一堆用具的學生超越我們的時候，就知道連最後一批學生也已經趕上了，換句話說，我們又殿後了。

想想這些十來歲的孩子們，如果是在台灣，應該還被父母捧在手心裡吧？放學回到家，也許吃吃點心、打打電動、看看電視。然而在偏遠的努日山區，孩子們小小年紀就要幫忙去山上牧牛或到田裡耕種，甚至也許就這樣度過一輩子。

而今在札西堪布的教導下，村民們逐漸明白教育的重要，爲了讓孩子們能夠擁有更好的未來，父母不惜千里地將孩子們送到位於加德滿都的前譯紀念學校去寄宿讀書。藏族的孩子都很堅強，如果你問他們在學校過得好不好，他們會回答「很好」，但是試想小小年紀就離開父母身邊，內心想必也是經歷過一番掙扎吧？

既然教育如此重要，堪布爲什麼不把學校建在山上，而是要讓孩子們在小小年紀就離鄉背井呢？

前往努日的路途經常是前不著村、後不著店，因此三餐經常是就地煮飯、隨地而吃。

儘管前往努日的山路崎嶇難行，對於來自努日的學生們卻是輕而易舉，他們一路領先地走在橫跨山谷的吊橋上。（攝影／郭怡青）

從加德滿都出發的第一天下午，我們在索提廓拉的河邊紮營過夜。

其實在堪布的家鄉洛村，原本有間小小的公立學校，而堪布也會從寺院派藏文老師去教書，然而山上的硬體設施很簡陋，師資也不好找，更是經常會發生逃學事件，有些孩子會在休息時間到教室外面去玩耍，玩著玩著就繞路回家去了。基於各方面的考量，堪布覺得學校還是要辦在加德滿都，才能確保教育的品質。

堪布表示，學校不是托兒所，其實是有明文規定要七歲以上的孩童才能入學，可是真正要執行卻有困難。

「你想想看，當有家長千里迢迢地將孩子送過來，每天從早到晚一直拜託你讓孩子入學，你能不收嗎？」堪布無奈地笑著說，有些孩子一看就知道才三、四歲，可能還包著尿布，可是家長爲了讓孩子就學，硬說他已經七歲了，你要怎麼辦？

其實不只是學校，就連努日的寺院也是一樣，在大地震發生之前，每當堪布回去，就會有家長將自己因故無法照顧的孩子託付給堪布教育。

「上回我來努日的時候，遇到一個四歲的小男孩，因爲母親過世了，父親又必須外出工作，實在是沒有辦法照顧孩子，所以只好把孩子帶到寺院來，請求堪布幫忙。那孩子一直哭，我看了好心疼，他還這麼小，父母都不在身邊，當然會想哭。我覺得那孩子好可憐，可是堪布說，這也沒辦法，哭一個星期就好了。」跟隨堪布來過努日數次的稻香師姊說，通常剛被帶來的孩子，在父母剛離開後，堪布不會馬上讓他們讀書，而是會請阿尼先陪伴他們，讓他們有適應期。而這裡的孩子也都很有韌性，他們第一天會哭到令人心碎，但是就如堪布所說，他們過了幾天情況就會慢慢轉好，開始會跟人講話，過不久就活蹦亂跳了。

堪布表示，諸如此類的情況，以前在南卓林寺也經常發生，起初大家也是不知道該如何是好，後來貝諾法王說：「人家會把孩子帶來，是對我們有期望，希望我們可以幫他，如果我們不能幫他，就等於我們不能利益眾生，所以如果孩子待得住就讓他們待著吧！」

而今，札西堪布也是延續著貝諾法王利益眾生的精神在培育這些孩子，前年我們到訪的時候，學生的總數是五百三十名，而去年四月已增至六百六十名。今年若不是受到新冠病毒疫情的

努日朝聖行的陣容浩大，每天都有逾百人要一起用餐，飯後學生們會幫忙洗碗盤、鍋子。

旅途中學生們必須各自揹著自己的行李，每到休息處，他們才能暫時卸下沉重的背包。

在郊外煮大鍋菜的時候，當地人會利用平底鍋蓋導熱煮奶茶，節省時間和能源。

影響，尼泊爾的學校也自三月下旬起暫停授課，學生的數目可能會繼續增加吧！

吃苦耐勞的學生們

「你看，他們連背包和鞋子都一樣，而且是全新的耶。」我們從學校出發前往努日的那天早上，學生們列隊集合在教室外的廣場上，他們頭上戴著藍色的棒球帽、身上穿著藍色的運動服、背上揹著黑紅雙色的後背包、腳上穿著灰色的球鞋，整潔的身影讓攝影師後良當下感受到札西堪布的慈悲。前譯紀念學校所提供的不僅是教育，還負責照顧學生們的生活起居，就連帶他們回家一趟，都還發給他們新的用品，來到努日之後，我們更加明白堪布的用心。

前往努日的山路原本就不好走，再加上有幾個路段是炸山過後尚未整頓的石頭路，更加容易磨損鞋底，所以學校才頒發新鞋給這些要上山的學生。

十月的努日已經進入冬天，有些地區甚至開始下雪了，如此寒冷的天氣，我們這群賈米全身上下都包得緊緊的，甚至還在最怕受涼的腳上穿了兩層厚襪子，可是走了幾天下來，我們發現有些孩子居然換上了拖鞋！

「哇，這些小孩眞厲害，穿拖鞋也能爬山！」起初我們以爲他們覺得穿拖鞋比較輕鬆，後來才知道原來是鞋子已經磨壞了。

學生在這一趟旅途中走的路可能比我們多出一倍，因爲我們至少在某些路段還有馬可以騎，但學生們卻是全程走路。而且這些年輕的孩子們腳程非常地快，一路上總是遙遙領先，往往是等到他們在落腳處連營都紮好了之後，我們才姍姍來遲。

荒蕪的山區裡沒有路燈，有好幾個傍晚，天色已經一片漆黑，我們卻還不知身在何處，儘管開著頭燈，也看不清楚路況。就當我們感到徬徨無助的時候，遠方隱約閃著白光，原來是貼心的學生們拿著手電筒來尋人了，當下的那種感動，眞的是難以筆墨形容。

前往努日的山路凹凸不平，有許多碎石，有些學生走到連新鞋都開花了，只好換上拖鞋。

一路上相互照應

還記得在英國作家詹姆斯．希爾頓（James Hilton）的小說《消失的地平線》（*Lost Horizon*）裡，有這麼一段情節：在一個與世隔絕的香格里拉，有一位透過修行維持青春永駐的美麗女子，愛上了一名來自外界的男子，決定和他一起離開。沒想到就在她踏出香格里拉後，容顏也迅速變回實際年齡，成爲一位白髮蒼蒼、滿臉皺紋的老婆婆。

隱藏在山谷裡的努日，就猶如小說裡的香格里拉，在某一方面時空彷彿停格在他們獨特的文化以及信仰裡，心靈上的樸實和喜樂，數百年來不曾改變。然而居住在靠近天際的高原上，他們不僅長年曝曬在強烈的紫外線下，而且當地天氣乾燥、寒風刺骨，因此有別於小說，這裡的人看起來往往比實際年齡還要大，年紀輕輕臉上就已經烙印著深刻的皺紋。其實我們沒有來幾天，皮膚就變得乾燥粗糙，尤其是最長曝露在外的雙手，都已經嚴重龜裂，看起來還眞有種瞬間變成老婆婆的感覺。

隨著我們往海拔越高的地方行走，空氣也越來越冰涼，冷冽的寒風吹得大家鼻水直流，有些學生沒帶圍巾、手套，這個時候我們這些弱不禁風的賈米終於派上用場，紛紛提供保暖衣物、防曬油、乳液等。

徒步前往努日的路上，有些比較活潑的學生會苦中作樂、耍寶逗大家開心。（攝影／郭怡青）

也有學生在爬山時不慎撞傷、滑倒，或是感冒頭痛、咳嗽等，這個時候經驗老道的稻香師姊就像小叮噹一樣，背包裡隨時都可以拿出對治各種疑難雜症的藥，眞不愧是札西堪布的好助手。由於這一路上堪布經常會喊「稻香、稻香」，所以當地人還以爲「稻香」猶如藏語的「嫫」，是女孩的代名詞，而我們大家都是「稻香」！有些比較調皮的小男生，甚至會開玩笑說他們是「稻香二號」、「稻香三號」，沿途耍寶逗大家開心。

在天寒地凍的劫湖，兩位年輕的喇嘛喝了暖身酒後，跳入冰冷的聖湖裡掛風馬旗。（攝影／郭怡青）

印象最深刻的是在劫湖做薈供的那一天，有兩位年輕的喇嘛爲了要在湖上掛風馬旗，在喝了一點當地稱爲「阿辣」的蒸餾米酒暖身後，便跳入冰涼的湖水裡。那水溫究竟有多冰冷，我連觸摸的勇氣都沒有，然而他們卻猶如魚兒般地俐落，先在是湖面兩端插了兩根長長的竿子，再將風馬旗掛上去，然而當他們回到岸上的時候，其中一位喇嘛的身體已經急速失溫了。

其他的喇嘛見狀，連忙將他扶到火堆前坐著，並以保暖的衣服將他裹住，而在同行的台灣弟子當中，有一位精通穴位經絡的郁芳師姐，她也趕

充滿祝福的風馬旗與聖湖相輝映，但要在水中掛旗並不容易，必須先將竹竿插在湖面兩端，再將旗綁上去，才能讓風馬旗飄揚在湖泊上。（攝影／郭怡青）

緊過去幫忙，在大家的齊心協力下，他的體溫終於慢慢恢復正常。

幸福的滋味

十方一切諸眾生，二乘有學及無學，一切如來與菩薩，所有功德皆隨喜。

《普賢行願品》偈頌的第四支是隨喜，也就對他人所做的善事，打從內心的感到喜悅，如此不但能夠轉化嫉妒，還可以讓善業的力量輾轉增長。而這一路上，無論是學生還是同行的夥伴，大家互相照顧的行爲都很

過了掌村、進入藏區之後，沿途經過的村落都會有村民在路旁恭迎堪布。（攝影／郭怡青）

令人感動。

這次努日之行，大家都是發心前來朝聖，除了少數幾位成員平時就有在爬山，對於大部分的成員而言，這趟路的艱辛真的是超乎了大家的想像。

年逾七十的謝師兄是這次賈米隊的前輩，然而再陡的斜坡似乎都難不倒他，原以爲他平時有在爬山、運動，沒想到他能夠健步如飛的秘訣竟是做大禮拜，聽了不禁令人油然生敬。

「其實我要來之前，自己也有點擔心，因爲上回去加德滿都的蓮師聖地時膝蓋受傷，返台後還做了一段時

在簡陋的環境裡，奉上一杯酥油茶是主人的心意，尤其是在寒冷的冬季，一杯熱茶顯得格外溫暖。

沿路村民熱心招待的香料烤馬鈴薯，不僅滿足了五臟廟，也讓一路的疲憊都拋到九霄雲外。（攝影／郭怡青）

許久未返鄉的學生們回到努日後，露出開心的笑容。

間的復健。不過後來我覺得，復健對我來說好像效果沒有很好，因爲復健師有建議我每天要將膝蓋貼在地板上揉揉揉，我心裡就想，那還不如做大禮拜就好，所以這次出門前，我每天就做大禮拜和一些膝蓋的運動。」謝師兄感恩地說，步行雖然辛苦，但也正因如此，才能看到沿路美好的風光，身歷其境地感受到過去的大成就者是如何在冰天雪地裡修行，能在山洞裡生活那麼久，眞的不是一般人所能忍受的。

其實別說是到山洞裡閉關，就算是住在努日村落裡，對於我們這些已經習慣了開關一按就有燈光、水龍頭一開就有熱水、插頭一插就能煮飯、缺什麼上網購買就會送到府上的都會人來說，要長期居住都是一種挑戰。

生活在地無幾里平的高山上眞的很不容易，就連在同一個村落裡，山上山下都有一段距離了，更別說是村落與村落之間。如果是在台灣，最佳的代步工具應該是機車吧？可是這裡目前還沒有柏油路，因此馬和驢依然是當地重要的運輸工具。

我們從加波村開始有馬支援，但基於安全考量，負責載我們的都是腳步穩重的老馬。儘管比起年輕的馬兒，牠們相對安定，但體力自然也比較差，經常會爬坡爬得喘吁吁，每走一段路我們就要下馬來讓牠們休息。起初我覺得很納悶，這些馬兒要載乘客就已經夠吃力了，爲什麼馬伕還要讓牠們揹上一堆東西？後來我才知道，原來沿途也會有村民託馬伕順道幫他們送鹽送米到親友家，他們經常都會如此互相幫忙。

其實我們在步行的第四天上午來到掌村之後，就已經進入努日地區了，而同行的師生們，來自努日各地不同的村落，沿途經過親戚家時，他們也會進去坐坐。我也曾隨著幾位老師去拜訪過他們的家人，進到藏人家裡，好客的藏人一定會煮酥油茶或奶茶來招待，在寒風刺骨的山野裡，手中握著一杯熱騰騰的茶，眞的令人感到格外幸福。有些人家還會端出香氣四溢的香料烤馬鈴薯，沾上風味獨特的辣椒醬，在體力透支的狀態下，眞的很療癒。村民們都很感謝堪布能夠帶領大家返鄉，讓他們有相聚的機會。

無常是唯一的恆常

對於年紀輕輕就離鄉背井的學生們而言，這次能夠和大家一起回家意義甚大，儘管他們嘴上總是酷酷地說在學校過得很好，但心中當然還是會思念父母，大家都迫不及待地要回家。

十四歲的徹令梧尊來自位於劫湖附近的卓村，她是家中六個孩子當中的老大，八歲的時候就到堪布的學校讀書，個性獨立體貼、台風穩健，沿路上經常爲大家唱歌，也會主動幫忙老師們做事。

「這是我第一次和同學們一起去蓮師聖地，朝聖讓我很感動，也希望自己將來能夠成爲一個對社會有用處的人。」五年不曾回家的徹令梧尊說，努日有許多聖地她都沒有去過，所以這一路她覺得特別開心，當然也很高興可以見到父母。

大部分的孩子都和徹令佑尊一樣，很開心能夠回家，可是我們來到洛村的時候，十七歲的倉央嘉措見到母親玫朵竟是傷心落淚，詢問之下才知道原來他的父親在不久前墜馬身亡。

我們這些外地人在歷經了種種考驗之後，平安地抵達了努日，沒想到會在山上聽到當地人發生意外，當下心情真是百感交織。儘管

不管身在何處，學生們每天早上起來盥洗過後，一定會先念經做早課，以此迎接新的一天。（攝影／郭怡青）

騎馬、爬山都是當地人的日常，但這並不代表沒有風險，誰也無法預料下一刻會發生什麼事。

「本來兒子回家應該是件開心的事，可是家中突然發生這樣的劇變，人生眞的很無常呀！」四十三歲的玫朵邊哭邊說，她有四個小孩，倉央嘉措排行老三，不過由於孩子們都在外地工作或讀書，所以現在家中大大小小的事都必須由她一個人去承擔，她實在沒有辦法照顧農地，只好放棄種田，還好有札西堪布的幫忙，讓她不用擔心孩子。

倉央嘉措在七歲的時候就被父母送到堪布在故鄉洛村所建的前譯白玉祥秋達吉林寺，玫朵表示，當時孩子還小，他們也不知道要如何爲孩子規劃人生，所以想說先讓他到堪布的寺院去學習。後來努日發生了大地震，堪布把年紀較小的喇嘛全都帶去加德滿都的學校，倉央嘉措也發現自己其實比較喜歡讀書，於是便繼續留在學校。

「我很慶幸兒子能在堪布創辦的學校讀書，因爲在那裡除了可以接受到尼泊爾的國民教育，同時又能夠學習藏文，讓孩子可以保有藏人的文化。」玫朵感嘆地說，她的小女兒在一位新加坡功德主的護持下就讀一般的尼泊爾學校，結果現在只會說尼泊爾語，她最近也放假回家，但由於母女之間語言不通，所以就連想要和她好好聊天都有困難。因此儘管兒子到加德滿都讀書之後，他們見面的機會變少了，但只要想到兒子能夠接受到良好教育，就覺得很欣慰。

倉央嘉措一家人安然走過了二〇一五年的那場迄今令人心有餘悸的大地震，誰也沒料到幾年後父親竟會栽在自幼就駕輕就熟的馬背上，這也再再應證了世事無常。

前譯紀念學校的學生都是來自貧困山區，別看他們表面上嘻嘻哈哈，其實每個笑容的背後都有他們的故事，有些學生甚至是被札西堪布收容的孤兒。一場驚天動地的大地震，將他們凝聚在陌生的加德滿都，一起讀書、一起生活，猶如一個大家庭，在缺失中成形圓滿。

【請轉法輪支】

地震後的體悟

二〇一五年的那一場大地震，嚴重損壞了山頂上的寺院，原本建在山腰上的僧寮，迄今依然是一片凌亂的廢墟。

倉央嘉措曾經待過的前譯白玉祥秋達吉林寺，傲然聳立在海拔三千八百公尺高的洛村山丘上，在步行的第九天下午，以札西堪布爲首的堪布們，還有我們幾位貢米，騎著馬風塵僕僕地抵達洛村，寺院的喇嘛吹著海螺與嗩吶，一路隨行恭迎堪布返寺，大夥心中都有一種「總算到家了」的踏實感。

沿著村莊外圍的山路曲曲折折地爬上坡，走了一段階梯來到寺院的廣場，左側中央有一座三層樓高的大殿，兩旁有兩棟新建的樓房，乍看之下沒有被摧毀的痕跡，難以想像在二〇一五年的那場大地震，除了現在以木架支撐的主殿之外，其他的建築物全都倒塌了。

「地震發生的時候，差不多是中午十一點半左右，我在舊廚房裡吃飯吃到一半，突然一陣地轉天旋，房子越搖越厲害，連地板都龜裂了！」來自不丹的圖滇日必旺秋祖古，是在大地震發生的前一個禮拜才剛來到努日，他連寺院的環境都還來不及熟悉，就在一陣混亂中失去棲身之處。

當時寺院裡大約有七十多名僧眾，地震發生的時候是午休時間，有些人在吃飯、有些人在外面玩耍，祖古把大家召集在一起，但由於大家都還處於驚嚇當中，當下並沒有發現少了一名十三歲的小喇嘛。

「我們沒人知道那孩子去儲藏室拿打掃工具，結果房子倒塌，我們發現他的時候，他已經沒有呼吸，頭和背全都是傷。」同樣也是來自不丹的顛津喇嘛心有餘悸地說，儘管地震已過了四年，那個令人心碎的畫面依然歷歷在目。

大地震之後，寺院的建築物倒了差不多九成，餘震又頻頻發生，大家只好在田裡搭棚暫住。坐落在山谷裡的努日原本就是一個交通不便、物資貧乏的地方，從山下運輸物資到山上需要四天的時間，然而地震之後，道路都壞了，外地無法前來救援，只有靠村民們互相幫助。

「當時尼泊爾各地的災情都很慘重，就連加德滿都也有許多房子倒塌，努日實在是太偏遠了，政府在第一時間根本顧及不到。」札西堪布淡淡地說，飛往努日山區的直升機總共就只有五台，如果飛了東邊、就去不了西邊，飛了南邊、就去不了北邊，當地人也都明白這個現實，所幸當地居民多為佛教徒，或多或少都有「一切勝利留給他人，一切虧損自己承擔」的觀念，所以儘管是在地震發生莫約二十天之後，才有政府支援陸續進來，但是都沒有聽到有誰在這裡怨天尤人。

莫約一個月過去之後，政府終於開始修路，這時堪布讓大部分的僧人暫時下山到位於加德滿都的學校去避難。等到三個月後，情況稍微穩定了，有自主能力的青年喇嘛們才又陸續回山上去幫忙整頓，而年幼的喇嘛則繼續留在學校讀書。

這場出其不意的地震，對於才來到努日不久的圖滇日必旺秋祖古而言，可說是紮紮實實地上了一課。

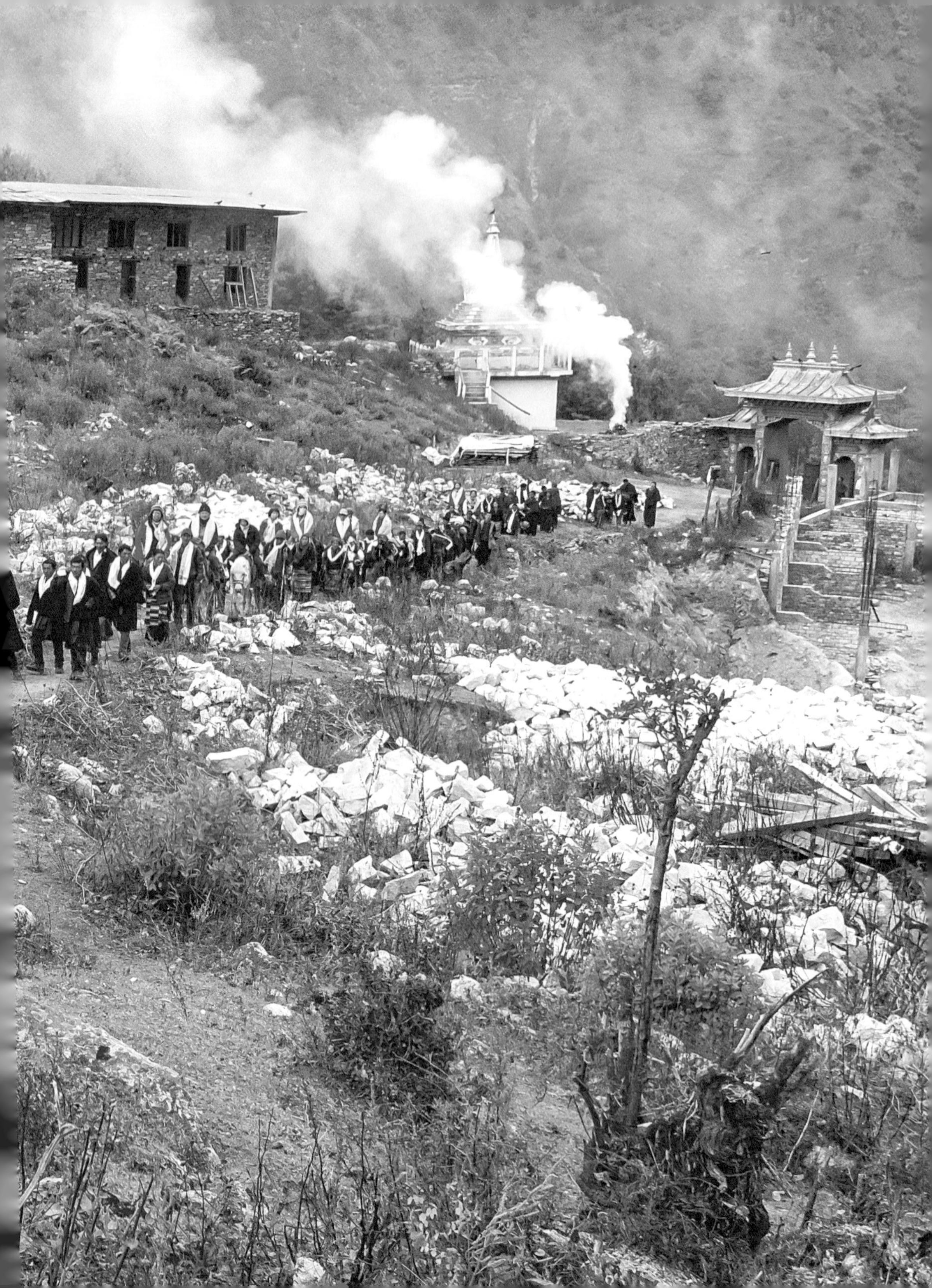

走進前譯白玉祥秋達吉林寺位於山腰上的大門，
寺院的喇嘛吹著海螺與哨吶恭迎堪布返回寺院。

過去他不曾遇過地震，第一次經歷就如人間煉獄，起初三天沒有任何支援，每天都覺得昏天暗地、不知天南地北，之後的一年也都住在帳篷裡，剛開始他也是難以適應，但後來退一步想，這應該是過去身業緣的結果，心中也就坦然了。儘管如此，這些年來他心中依然存在著地震隨時會來的恐懼感，這應該是一種習氣的感覺。

「以前在經書上讀到災荒劫的時候，對於要遠離飢荒、瘟疫等災難並沒有特別的感覺，畢竟文字終歸是文字，直到經歷了那場大地震之後，我才深深體會到佛經在說什麼。」祖古在藏文是轉世者、化身之意，只有經過認證的喇嘛才會擁有這個頭銜，理論上來說，圖滇日必旺秋祖古應該是不丹某寺院的祖古，但他卻留在努日協助札西堪布，他笑著說這應該就是他與堪布之間的業力連結吧？

以前他在南卓林寺的時候，曾經跟堪布領受過直指心性的教法，有一天堪布問他願不願意來努日幫忙，那個時候他連努日這個地方都沒聽過，當然更不知道是在哪裡，當時他也不知道自己是哪來的勇氣，竟然想都沒想就答應了，誰知道一來就遇上大地震，接著他就一肩扛起執行重建的重任。

漫漫重建路

看過喇嘛們製作沙壇城嗎？首先他們要合力在台座上畫上精確的幾何圖形，再以礦物磨成的五彩細沙慢慢砌畫，每一個步驟和環節都非常地講究，在完成之後卻又毫無眷戀地將辛辛苦苦製作了好幾天的沙壇城摧毀。

再莊嚴的壇城，終究也只是因緣合和，那場地震就猶如沙壇城的摧毀般示現了無常，只是聳立在高山上的前譯白玉祥秋達吉林寺，畢竟是札西堪布耗費十五年一點一滴建立起來的心血，就這樣毀於一旦，讓當地人士非常不捨。

「坦白說我原本是打算要放棄的，畢竟我年齡也大了，實在沒有多餘的時間重新來過，而且現在願意出家的人也越來越少了，可是這裡的村民一再懇求，請我務必要重建大廟，並且承諾會盡全力幫忙，爲了不讓大家的期望落空，我才決定重建。」札西堪布說。

「努日的文化和信仰是分不開的，之前堪布還沒有在洛村建寺的時候，這裡沒有上師，每次需要修法的時候，我們都必須去外地請上師，想學法的人也必須到外地去求法，所以我們一直祈求堪布在當地建寺。」努日有六個行政區域，貝瑪里大是第二行政區域的代表，其中包含洛村、秀村、希南村等。儘管在努日各地有許多小殿堂，但比較有規模的寺院卻不多，除了前譯白玉祥

地震後的重建是條漫漫長路，儘管山頂上的寺院已經在大家的合力下重建，原本位於山腰上的僧寮廢墟，依然時時提醒著他們世事無常。

秋達吉林寺之外，還有多竹千法王以及創古仁波切的寺院等。貝瑪里大表示，在他負責的第二行政區域，札西堪布的大廟是當地的精神支柱，地震之後大家都很擔心，萬一寺院就這樣沒有了，堪布是不是就不會再回來了？

稻香師姊也說，之前她在路上曾經遇過一位年事已高的老先生，他見到堪布時眼睛突然發亮，欣喜若狂地說：「今天能見到您，死也值得。」

藏人對於上師非常尊重，只要有上師在，就算遇到再大的困難也會感到安心，由於堪布經常在台灣弘法，當地人也會憂心有一天堪布不再返鄉，因此大家才會不斷地請求堪布無論如何一定要

幾位來自南卓林寺的堪布隨同札西堪布一起徒步上山，沿途為村民們灌頂傳法。

重建寺院。

然而重建寺院原本就不是件容易的事，更何況是在像努日這樣相對封閉的高山上，許多建材都必須靠驢隊運送上山，所以同樣的材料到了山上之後，價錢往往比在平地高出三、四倍左右，例如一包水泥如果在平地賣九百盧比，到了山上就要三千盧比，而且偏遠山區要請工人很不容易，工資當然也比在城鎮裡貴，龐大的經費可想而知，堪布也只能先跟認識的商人及銀行借錢。

「我剛到這裡的時候，感覺就像是外來者，就是住進一座原本就存在的寺院，享受一切現有的資源，完全不瞭解建一座寺院需要耗費多少的經費和心血。地震發生之後，我接手重建的任務，才瞭解原來要建一間寺院有多麼不容易！」圖滇日必旺秋祖古說，現在寺院從外觀看起來好像已經有些規模，其實內部都還沒有完成，預計起碼還要三、四年的時間，因爲物資一直在漲，建材也越來越貴。而原本建在山腰上的僧寮，迄今依然是一片凌亂的廢墟，兩層樓的木造建築雖然沒有夷爲平地，但走進搖搖欲墜的屋裡，石牆、木架墜落滿地，將來若要整頓，勢必又是一番大工程。

從外來的祖古到寺院的主要負責人，祖古坦言，起初他對努日這個地方並沒有特別的情感，完全是因爲看到堪布如此辛苦，希望能夠爲他分擔一點責任，地震後的重建讓大家建立起革命情感，也更加欽佩堪布的悲心與宏願。

「那個時候，我們經常要到山林裡去撿木材。」十八歲的桑給喇嘛是地震之後留下來幫忙重建的喇嘛之一，在前往洛村的途中，他指著山林對我說，那場地震實在是太震撼了，經歷過的人都有一段深刻的記憶。

轉型中的大廟

十方所有世間燈，最初成就菩提者，我今一切皆勸請，轉於無上妙法輪。

請轉法輪是《普賢行願品》偈頌的第五支，也就是請求諸佛菩薩及具德上師來說法，因為唯有佛法，才能調伏我們的無知，當貪瞋癡消除了之後，世間才會得到和樂。

大地震讓努日居民深深體會到請轉法輪的重要。如果洛村沒有大廟，村民就必須到別的地方去請法，因此他們不斷地向札西堪布祈請，而堪布也因此再度發下宏願。只是世間變化總在瞬息之間，我們從努日返台後還不到半年的光景，堪布又做了一項重大決定，他和九位南卓林的堪布共同在加德滿都以北的近郊成立了白玉林寺，山上的喇嘛也全部都轉移陣地，只剩下祖古以及三位幫手留在努日。

「努日是個清淨的好地方，問題是現在時代不一樣了，山上的人口少，儘管大家都是佛教徒，卻沒有人願意出家。而且努日真的太偏遠了，天氣又寒冷，山下的僧人也不願意上山，就連聘請老師都很不容易，這樣以後大家年紀大了會很麻煩，所以我想，乾脆讓努日轉型成為閉關中心，讓真正想清修的人上山。」札西堪布表示，其實關於這個問題，他已經思索很久了，只是沒有想到改變會來得這麼快。然而寺院一定要有僧人，因為寺院是靠僧人來弘揚教法，如果沒有人來執掌教法，空有建築物有什麼意義？

「以前我在南卓林寺讀書的時候，每次返鄉，不用開口也會有人主動來請求我帶他們去南卓林，每次都是浩浩蕩蕩地回印度，但現在無論我們怎麼招募，也很少有人願意出家。」堪布指

前譯白玉祥秋達吉林寺是當地信仰的中心，札西堪布回到寺院後，喇嘛們開始搭棚子，準備法會事宜。

出，從教育的角度來考量，加德滿都是一個比較理想的據點，因爲時代變了，現代的喇嘛也必須接受基礎學科的教育，不然別說是弘法會遇到困難，如果因故還俗，恐怕連生活都會有問題。所以他後來想想，還是先在加德滿都培育僧人，將來他們若想閉關再去努日，由他們繼續轉動法輪。

【請佛住世支】

札西堪布的悲願

得知札西堪布回到努日，村民紛紛前來參加法會，札西堪布為他們灌頂加持。

札西堪布的故鄉洛村，隱藏在海拔三千多公尺高的山谷裡。

從洛村往山上看，坐落在山丘上的前譯白玉祥秋達吉林寺傲然聳立，與銀白色的雪山相互輝映。札西堪布的大廟，是當地居民的精神象徵，其實無論寺院有沒有重建，或是如何轉型，札西堪布都不會放棄幫助努日，因爲這裡不僅是他的故鄉，也是蓮師的聖地。

「蓮師在《聖地授記文》中有提到，凡是出生在聖地的人，都是受到諸佛菩薩加持的人，男子屬於勇父、女子屬於勇母的種姓。我想蓮師會如此授記，是爲了提醒有緣出生在聖地的人要主動向善、幫助眾生。」堪布說，出生在蓮師聖地，讓他自幼就有一種想要利益眾生的使命感，諸佛菩薩猶如蓮花不著水，不會受到世俗的染汙，所以他們會特別降臨，關照窮困的地方。

札西堪布在故鄉努日所建的前譯白玉祥秋達吉林寺，坐落在海拔三千八百多公尺的洛村山丘上，從山腳下的村莊要上寺院，必須要繞行Z字形的彎曲山路。（圖片提供／堪布札西徹令仁波切）

在寺院大殿前的廣場前，喇嘛在法會上跳金剛舞，將
智慧尊的加持賜予大眾，讓與會者種下解脫的種子。

雖然努日很貧窮，但在佛法的加持下，居民大多單純善良。多年來堪布猶如慈父般無條件地回饋著故鄉，因爲他希望能夠改善下一代的生活，讓他們不用再經歷他年輕時所吃過的苦。

時光回溯到五十多年前堪布還是個孩童的時候，他和鄰家的孩子們會在田裡種馬鈴薯、到山林去砍柴，或到草原去牧牛，沒有家長會送孩子去城裡讀書，而是教導他們如何買賣犛牛牲畜。

那個年代，當地的衛生和醫療條件都還很落後，只有傳統的藏醫，沒有任何現代化的醫療設備，所以孩子的存活率也很低。小札西的母親總共生產了十一次，可是最後只有兩個孩子存活。小札西爲了學佛，背著父母偷偷跑去出家，當時他心裡就想，將來一定要改變當地人的想法，讓下一代都能夠接受教育。

「以前當地人根本不讓小孩子出門，大家都要在家幫忙做事，我花了二十年的時間才讓他們瞭解教育有多重要，現

年少的札西堪布（左上）為了求法離鄉背井、遠赴南印度的南卓林寺讀書，和當時的同學吉美嘎桑堪布（右上）、年幼時的昆桑堪布（左下）以及已故的小弟（右下）合影。
（圖片提供／堪布札西徹令仁波切）

在大部分的孩子都在外地的寄宿學校讀書。」堪布說。

年約六旬的地方代表貝瑪里大，和札西堪布差不多是同一個世代的人，他剛出社會的時候，原本舅舅介紹他到政府機構去工作，但他沒有受過教育，只會說藏文，連尼泊爾話也不太會說，所以根本無法勝任。

可是如果要靠農耕生活，也很難養家餬口，因爲努日的四季分明，從九月開始天氣就逐漸變冷，到了冬天更是白雪覆蓋，能夠農耕的季節十分有限。

「努日主要的農作物，在地勢高一些的地區是青稞、地勢低一些的地區是玉米。有些海拔較高的地方，像是桑多，還有產冬蟲夏草，可是我們這裡眞的比較貧瘠。有些有方法的人，會去藏地做一些小生意，但是邊境時而開放、時而不開放，所以也不是長遠之計。」貝瑪里大回憶著說，他年輕的時候，連酥油都要從外地運輸進來，經常只能吃著糌粑，而他也沒有本錢可以經商，生活眞的很拮据。

「還記得小時候，我們連過年都很難感受到歡樂，因爲家裡經常窮到連米缸都空空，要吃上一口飯都是很奢侈的事。」貝瑪里大滿心感恩地說，要不是後來札西堪布將他的弟弟、妹妹都帶去南印度讀書，現在大家生活也不會那麼好。

「札西堪布對我們來說就像是個活菩薩，不只是我家，他很早以前就帶了很多生活貧困的努日人去南印度受教育。」貝瑪里大透露，他也是受了堪布的影響，才會努力去尋找經濟來源，後來他透過管道去了南韓，在成衣廠工作了九年，賺錢供弟弟、妹妹以及孩子們讀書。

早年札西堪布帶著努日山上的孩子們前往南印度的路途非常辛苦，那個時候年輕的堪布自己本身也沒有什麼經濟來源，他們必須靠著雙腳步行，身上還要揹著行李。離鄉的時候，大家總是想著要帶東帶西，可是遙遠曲折的漫漫長路越走越累，於是他們沿路一直上演斷捨離的戲碼，聽說有些人後來連戴手錶都覺得累贅，索性將錶也送人。

「我曾經看過一張明信片，是一位阿尼年幼時在喜馬拉雅山被外國人拍到做成的明信片，影像中的小女孩，看起來就是一個貧窮人家的女兒，可是後來她到南卓林寺去讀書，整個人變成非常莊嚴。」稻香師姊說，堪布的悲心真的改變了許多努日孩子的人生。

「堪布也是看到努日的困境，才會先後在努日建立寺院和學校，一肩扛起孩子們的教育與生活。」貝瑪里大說，和他那一代相比，現在的家長和孩子都很幸福，孩子如果想出家可以到堪布所建的寺院去學習完整的寧瑪派法；如果想讀書，在堪布創辦的學校不僅可以接受完整的尼泊爾教育，同時還可以學習藏文，家長什麼都不用操心，只要能養活自己就好，環境比起從前真的已經有很大的改善。

努日沿途的變化

我們一路走來，沿途的房子大多是由木頭與石頭砌成，一般是兩層樓，一樓是給家畜居住。屋裡的燈光往往僅是來自一盞小燈，沒有太多現代化的設備，煮飯必須燒柴起火，廁所是簡單的茅坑，洗澡別說沒有熱水，許多家裡根本就沒有水，必須提著水桶到外面去打水。稻香師姊表示，她從二〇〇八年第一次到努日迄今，沿路除了民宿變多了之外，其他感覺上好像都沒有什麼太大的改變。

然而在我們眼裡彷彿時間停格的努日，對於從小就生長在這裡的札西堪布而言卻是改變了許多，尤其是近十年來，變化更加迅速。

「早年我們往返努日，除了要帶自己食物用品，還要揹著坐墊、鍋具等，因為沿路沒有任何餐廳或民宿，煮飯要以石頭固定搭臨時灶爐，晚上則是住在山洞或搭帳棚。」堪布說，他印象中好像是在二〇〇〇年以後沿路才開始有一些簡單的餐廳，而最近這十年他回努日都是搭直升機，所以這一次步行所感覺到的變化更大，似乎走到任何村落都有比較乾淨的民宿可以落腳，然而在進步的同時，也明顯變得商業化。

二〇〇八年稻香師姊第一次和堪布前來努日的時候，當地居民還不懂得要賺錢，沿途沒有幾間商業性的民宿，他們經常是借住在村民家，有時他們會煮飯，有時則要跟他們借鍋子自己煮。

「記得有一次我們清早出發，走到早上九點，還找不到地方可以吃早餐，有一位老先生跑到很遠的村落去要了幾支玉米來烤，我們就這樣你一口、我一口節省地分著吃，可是當時我卻覺得那是人生中最美味的早餐。」稻香師姊回憶地說，那一次的旅途眞的很辛苦，連吃一頓飯都很困難，她也

努日是馬納斯盧健行路線的一部分，隨著時代的轉變，現在這條路上開始有一些規模較大的民宿。（攝影／郭怡青）

是一直自我催眠地告訴自己一定可以堅持下去，因爲能跟大圓滿行者一起朝聖，是一輩子最難得的體驗。

「以前從阿魯卡德到桑多的路上，只要有外來的客人，當地人會問要不要喝水？冷水還是熱水？從來沒聽說水需要用買的。現在他們不但不會主動給我們水喝，如果我們跟他們要水，他們還會問，是要一壺還是一杯。一壺水的價錢，看地區從幾十盧比到幾百盧比不等，在觀光客較多的桑多，甚至要一千盧比。食物也是一樣，以前有外地人前來投宿，只需要付住宿費，餐點都是免費供應，而現在食、宿的費用都是一筆一筆分開計算。」堪布說，一方面這代表當地的生活條件變好了，經商賺錢本身並沒有什麼不對，不過連喝水都要收費，實在是有點過頭。

堪布表示，近年來他每一次上山，都能感受到變化，以前他們若是需要幫忙搬運行李，必須要請挑夫，現在已經沒有挑夫，而是靠驢隊來拖運。這一次我們爬上爬下地走過了許多被炸落滿地的石頭路，那都是由中國政府出資建設中的新路，預計在未來十年內會成爲平坦的公路，從加德滿都經由努日一路通往西藏，到時候那掛著鈴鐺大搖大擺的驢隊可能也將走入歷史。

堪布對村民的開示

時代就這樣不斷地在轉變，世界在變、努日在變、堪布也在變。四十多年前，當年輕的札西

村民聽說堪布回到努日，一路上都有人前來拜見，他們無論是遇到什麼樣的問題，都會前來請示堪布。

喇嘛第一次下山的時候，他還是位不經世事、一心求法的少年，而今他不僅是南卓林寺德高望重的大堪布，更被戲稱爲努日的「國王」，每次只要返鄉，必會有許多村民帶著象徵尊重的長絲巾哈達、一袋袋的馬鈴薯、蘋果等供品前來拜會。他們對於上師的信任不僅僅是在佛法上，就連私生活的領域，像是夫妻吵架、與鄰居不和等任何難以解決的事，也都會來請求上師仲裁調停。

「我印象最深刻的是有一次三更半夜，有位孕婦突然難產，堪布居然還外出去幫忙孕婦接生小孩，當時我眞的很驚訝，他們居然連這種事情都來找堪布。那時我才知道，原來還有難產接

冬天在寒風刺骨的高山裡辦法會，休息時間大家最喜歡聚在棚外炊煙裊裊的廚房圍爐取暖。（攝影／郭怡青）

生的藥。當地的醫療落後，婦女經常會難產，眞的很辛苦。」稻香師姊說，她第一次來努日的時候，眞的被堪布的親力親爲所感動，不過現在山上已經有診所，生產的情況也已經大幅改善。

「一般人以爲住持都是高高在上，其實堪布的生活眞的很簡單，而當地人也什麼事也都會來找堪布。記得上回我來的時候，有位小喇嘛在舉辦大法會的時候發了高燒，那時堪布自己都已經爲了法會忙到焦頭爛額，還是把孩子帶到廚房親自照顧。」由於努日的氣候寒冷，有火的廚房是最溫暖的地方，只要有新來的小孩子來報到，堪布也都會讓他們先在廚房適應環境，稻香師姊開玩笑地說，廚房對他們來說也算是個聖地吧！

堪布每次回到努日，總是盡其所能地將時間分給有需要的人，並且一直努力在宣導改變當地因傳統文化所形成的三種不良風氣。

第一件事是他先前提過的教育問題，這一點的成效已經很明顯，新世代的家長都能夠理解教育的重要，尤其是在堪布創辦了學校之後，許多父母都希望堪布能帶孩子們去讀書，就連還不到就學年齡的孩子，他們也急著想送去受教育，現在反過來變成堪布要告訴他們，孩子太小最好還是先留在父母身邊，等過幾年再去上學。

第二件事是宣導兩性平等。以前努日婦女的地位很卑微，她們只能在家打掃、照顧孩子、種田，而且父母的財產也只會留給兒子。

「我告訴他們，這樣是違背因果的，等到你們年老的時候，照顧你們的是誰？還不是女兒！兒子變成媳婦的老公，是不會照顧你們的。」堪布半開玩笑地道出許多家庭的寫照。

藏族的家庭結構在不同地區有不同習俗，有些地方可以一夫多妻，有些地方可以一妻多夫，在努日一個妻子可以有兩個丈夫，我認識一位堪布的弟弟，就是這種情況。我還知道有位藏地的阿姨，她可是有五個老公呢！這種情況，乍聽之下好像是女性當家，之前也有外國朋友說，他們覺得藏族婦女在家中的權力很大。

昔日努日婦女的地位不高，在公開場合不容許有聲音，近年來在札西堪布極力宣導男女平權下，已經有所改善。（攝影／郭怡青）

然而札西堪布指出，藏人並不是因爲兩性平權，所以可以一妻二夫，通常這種情況都是基於經濟考量，兩兄弟共娶一個老婆省去了分家產的問題，兄弟一個在外經商，一個在家畜牧、種田、管理家產，而這樣的情況隨著時代的轉變也已經越來越少了，現在大部分的家庭都是一夫一妻。

「妻子在家中的地位大不大，每個家庭不一樣，只有當事人才知道。但是在公開場合，女性通常是沒有聲音的，只有男性會當眾會發問。」堪布舉例指出，由於過去女性受到壓抑，導致了這樣的現象，有時如果女性公開提問，就可能被身旁的男性指責說不禮貌，畢竟經年累月形成的觀念不是在一天、兩天就可以輕易改變。儘管在堪布的開示下，現在努日婦女的地位已經提升很多，新一代的父母也都會讓女兒去讀書，不過距離平等還有一段距離。

而堪布長年來致力導正的第三種不良風氣，出乎意料地，居然是當地對於鐵匠的歧視。堪布說，他也不知道爲什麼，努日人從以前就認爲鐵匠很卑微，連狗都不如，狗都還可以自由進出家門，當地人卻不給鐵匠種姓的人進到屋裡。

「所以我就對他們說，你們家的鍋子是誰做的？爲什麼你們把鐵

鐵匠這個行業不知為什麼，長久以來在努日一直遭受歧視，札西堪布教導村民要懂得尊重各行各業。（攝影／郭怡青）

匠做的鍋子當作寶貝般放在廚房，卻不讓做鍋子的人進家裡？這樣不是很奇怪嗎？」堪布表示，現在大家已經開始懂得尊重各行各業，學校也有一些孩子是鐵匠的子女，同學們之間都是平起平坐，但是猶如性別的問題，有些既定觀念不是說說就可以馬上改，只能慢慢改善。

村民心目中的堪布

而對村民而言，他們最感謝堪布的，除了孩子的教育，就是他改善了他們酒後鬧事的風氣。「堪布最大的貢獻就是平息了村民之間的暴戾之氣。」貝瑪里大舉賽馬節爲例說，以前村民之間會彼此競爭，跑輸的馬主人不服氣，會跟跑在前面的馬主人打架，尤其是如果酒一喝下去，常常會一言不合就打起來。但在堪布的開示之下，現在幾乎已經沒有打架的情況，飲酒的習慣也改變不少。

「來，先喝一杯阿辣暖暖身。」十月的努日，空氣中已經有零下的感覺，我們一張開嘴，口中就會冒出白煙，所以只要進到藏人家，他們就會拿出傳統的米酒來招待，這也是他們日常生活中常喝的飲料。

堪布表示，由於努日位處高原，天氣寒冷，所以他對於村民的飲酒習慣採取較爲開放的態度，並沒有強烈勸阻，因此村民也不會避諱在他面前飲酒，不過堪布還是會告訴他們要適可而

上師回到寺院，小喇嘛們也忙著準備法會的薈供，寺院不能空有建築，要有上師傳法才有意義。

止，不宜過量，因爲酒醉容易鬧事。

有幾次，我們確實也看到喝醉酒的村民在堪布面前唱歌，也經常有村民一把鼻涕、一把淚的來見上師，堪布淡淡地說，每個人在生活當中，都有自己要面對的課題，有人爲五斗米折腰、有人爲子女操心，但是總歸來說，大家最擔心害怕的不外乎就是死亡與輪迴，所以前來祈請上師救度他們，讓他們能在死亡的時候減少一些痛苦。

因此，每次札西堪布回到努日，都會爲村民講述一些基礎佛法，並舉辦法會，爲他們灌頂祈福，讓他們的內心可以獲得平靜。而這一次，札西堪布不僅帶領學生朝聖，也帶了幾位南卓林寺的

每個人都有自己的煩惱，村民在上師面前毫無保留地祈請上師開示。

在這趟旅途中，既有火又有食物的廚房，是最溫暖的聖地，小小的空間裡擠著前來幫忙或取暖的村民們，幾個沸騰的大鍋子裡裝著要供應給上百人吃的食物。

堪布一起上山來給當地居民傳法。當地居民聽說堪布要來，有馬匹的村民都紛紛將馬牽下山去迎接上師，並且一起前往聖地朝聖，就連任職地方代表的貝瑪里大，也在這次的旅程中充當了我們的馬伕。

「我們大家都是盡心盡力前來服務堪布，因爲服務堪布就等於利益整個社區。」貝瑪里大表示，多年來札西堪布一直很照顧努日居民，他對所有的人都是一視同仁，例如這次堪布的弟弟也是一路隨行，但他並沒有因爲他是自己的親生弟弟就特別地厚愛，總是以整體爲大家設想，他對大家而言，不僅是上師，同時也是父親和菩薩的化身。

請佛住世，利益衆生

上方有殊勝上師，下面有僧聚集。跳舞一、二喲，花花綠綠的林園，花花綠綠的林園一、

努日居民代代信奉佛法，法會中他們不停轉繞手中的轉經輪，虔誠地為眾生誦經祈福。

二。右方有正直官吏，左方有百姓聚集。跳舞一、二喲，花花綠綠的林園，花花綠綠的林園一、二。前方有善良父母，後方有孩子聚集。跳舞一、二喲，花花綠綠的林園，花花綠綠的林園一、二。

沿路上徹令梧尊優美的歌聲，像是傳達了大家的心境，問及努日居民對札西堪布的看法時，大家都異口同聲地認爲堪布既是上師也是父親，同時更是佛菩薩的化身。

諸佛若欲示涅槃，我悉至誠而勸請，
唯願久住剎塵劫，利樂一切諸眾生。

請佛住世是《普賢行願品》偈頌的第六支，爲什麼我們需要如此祈請呢？因爲唯有請佛繼續住世不入涅槃，爲眾生講經說法，這世間才有可能得到究竟的安樂。而上師就猶如諸佛菩薩的化身，弘揚著佛陀所留下的教言，因此猶如努日的居民們時時祈請堪布能夠經常回來努日傳法，我們也要以感恩的心來祈願上師能夠長久住世、利益更多眾生。

「其實不只是諸佛菩薩，以我們的父母爲例，他們是不是也一直盡心盡力地在利益子女呢？但子女有時是不是會不聽父母的話、甚至頂撞他們呢？當子女缺乏感恩的態度時，父母是不是也會心生倦怠、感到悲傷呢？爲了扭轉這樣的狀況，我們要以佛爲代表，誠心祈請所有利益我們的對象，包括我們的父母、師長在內，請他們包容我們的無知。」堪布開示說，只要我們心存感恩、不斷地祈請，那麼利益我們的對象也會爲了利益眾生繼續住世。

【迴向支】

感恩的心

登山客眼中的世界第八高峰馬納斯盧，是藏人口中的蓮師聖地波堅雪山。

蔚藍的天空，雲彩輕輕飄過，豔陽照耀在寺院的廣場上，學生們坐在椅子上聆聽在放假之前的札西堪布所做的最後開示。這一次的團體朝聖之旅，在我們離開努日的前一天上午畫下了句點，學生們滿臉笑容，迫不及待地要回家去與家人團圓。身爲大家長，堪布貼心地發零用錢給每一位學生，而學生們也在離開之前，依序向堪布獻上供養。

那一幕的感覺很溫馨，平常都是堪布在照顧學生，沿途的旅費也是由堪布一手包辦，但是他們拿到零用金之後，卻懂得要供養上師，這樣自發性的小舉動，也彰顯出他們感恩的心。

過去四十多年來，從早期帶著努日

學生們以校外教學的名義朝聖努日，不僅費用全額由校方承擔，在他們放假回家之前，設想周到的札西堪布還貼心地發零用金給大家。

在大家各自回家之前，學生們一一上前供養札西堪布，感謝他一直以來的照顧。

的孩子到南印度去讀書，到近年來在尼泊爾建立寺院和學校，札西堪布栽培了上千名的孩子，也因此被暱稱為努日堪布。當年那些跟著堪布去南印度讀書的孩子們，現在大多已經獲得堪布的頭銜，並且在世界各地弘揚佛法。而眼前這些學生們，雖然距離出社會還有一段期間，但是他們在接受現代教育的同時，也學習了佛教的慈悲心，相信在不久的將來，他們也會以善行來回饋這個社會。

「我眞的很感激堪布給孩子衣食和教育，並且無私地栽培他。至於他將來要如何回饋堪布，是掌握在他的手上，我不會干涉。」如同許多當地人，倉央嘉措的母親玫朵也將堪布視為佛菩薩，她很放心地將孩子交到堪布的手上，不過剛失去丈夫不久的她表示，人生畢竟無常，總有一天大家都會往生，在孩子的有生之年，他想做什麼自己都不會干涉，因為她相信孩子會懂得掌握自己的未來。

這些年來，堪布不計回報地幫助努日居民，無非就是希望他們能夠善用珍貴難得的暇滿人身。他經常說，我們此生有幸獲得人身，一定要好好修行，或者做一個對社會有用的人，無論是出家還是在家，都要有利他之心。為了讓每個善願都能獲得成果，堪布每天都會將功德迴向給一切如母有情眾生。

功德的聚寶盆

所有禮讚供養福，請佛住世轉法輪，隨喜懺悔諸善根，迴向眾生及佛道。

《普賢行願品》偈頌的最後一支是迴向，堪布開示說，我們做任何事情都是希望能夠獲得最好的成果，無論是興建佛寺也好、做任何善業也好，若要獲得效益，一定要迴向給一切眾生，爲他們祈願，如此所做的善業才能發揮它應有的結果和效益。

爲什麼呢？因爲迴向就是將自己所做的善業功德猶如種子一般地散播出去，分享、回饋給一切眾生，這樣不僅能夠讓眾生因爲自己的善行而獲得利益，也能聚集更多來自十方的善念。這就好比幫助努日學生的宏願，最初雖然是出自堪布的悲心，但他的廣大願力及德行吸引了來自十方大眾的供養，猶如聚寶盆般地讓更多人一起發願行善。儘管在現階段，接受幫助的學生還沒有能力回饋社會，但善的種子已經在他們的心中萌芽，有一天當他們能夠獨當一面的時候，會換他們來幫助有需要的人。

藏人的天性能歌擅舞，在這趟旅途中，學生們經常爲大家唱歌跳舞，有時是正式的表演，有時是即興的演出，有時甚至只是純粹在耍寶，但是無論如何，優美歌聲的背後，除了返鄉朝聖的喜悅，還包含了對堪布以及十方大眾的感恩。

願吉祥來，願福氣吉祥來，願太陽顯現的方向吉祥來。
願此喜悅善處吉祥來，喜悅的福氣來。
願一也吉祥、願二也吉祥，願正法吉祥。
願吉祥來，願福氣吉祥來，願太陽的南方吉祥來。
願此喜悅的吉祥來，喜悅的福氣來。
願一也吉祥、願二也吉祥，願正法吉祥。
願吉祥來，願福氣吉祥來，願太陽的西方吉祥來。
願此喜悅的吉祥來，喜悅的福氣來。
願一也吉祥、願二也吉祥，願正法吉祥。
願吉祥來，願福氣吉祥來，願太陽的北方吉祥來。
願此喜悅的吉祥來，喜悅的福氣來。
願一也吉祥、願二也吉祥，願正法吉祥。

望著孩子們對著我們揮手道別後漸行漸遠的身影，我的耳邊響起這一路上他們最愛唱的歌曲，從某個層面來說，這也是學生們的迴向，無論走到哪裡，都祝福大家能夠吉祥如意。

來自努日偏鄉的學生們彷彿一個和樂的大家庭，他們在返鄉途中彩排要在法會上表演的歌舞。

喜馬拉雅的學生們擅長歌舞，他們在法會上表演尼泊爾的民族舞蹈，供養給大眾。

感恩札西堪布不嫌麻煩地帶著我這個不擅爬山的拖油瓶健行朝聖，讓我有機會親自來到如此殊勝的蓮師聖地，並深入努日的生活與文化。後良和我很榮幸能夠參與這個意義非凡的朝聖之旅，並且能夠透過影像和文字將之呈現出來。

我們原本計畫，在這本書出版之後，要再訪尼泊爾做一些後續的紀錄，當時誰也沒想到，二〇二〇年的人類，會被襲捲全球的新冠病毒亂了陣腳，也讓這次的朝聖之旅顯得更加珍貴。

原本我以為，先前一同上山的學生們，在開學之後，短期內應該暫時不會再回努日了，沒想到兩年之後，孩子們竟是回家避難的。尼泊爾政府在今年的三月下旬實施封城，約有兩百名學生暫時回到山上。

不過，相較於五年前的尼泊爾大地震，這一次的疫情對於在某種程度上本來就與世隔絕的努日而言，影響並不大。除了少部分經營民宿的人在經濟上受到些許波及之外，村民們還是耕田的耕田、放牛的放牛，照常串門子聚會，每天都過得很快樂。

「在台灣的時候，都是別人在我耳邊再三叮嚀我要勤洗手、戴口罩，回到努日，變成我在提醒大家，儘管這裡沒有疫情傳出，大家還是要注意衛生，不要輕忽傳染病的嚴重性。」雲端的另一頭，札西堪布的聲音從努日傳來。

這不是人類史上第一次發生全球性的災難，也不會是最後一次，這世間原本就是無常，因此

封城期間，民眾只能在有特殊需要的情況下才能外出，這家人走在空空蕩蕩的公路上，外出添購民生用品。（圖片提供／桑給多傑洛本）

受到新冠病毒的衝擊，尼泊爾自三月下旬起實施封城，昔日擁擠的街道，只剩清潔人員帶著口罩在清理空無一人的道路。（圖片提供／桑給多傑洛本）

堪布也呼籲大家要保持平常心，以利他之心多加持咒祈福，同時也一定要遵守醫療專業的建議。

「有些佛教徒可能會以為，自己只要持咒、修法，就不會染病，這樣想就大錯特錯了！病毒不會因為你是佛教徒就不會找上你，醫學的常識以及個人的衛生非常重要。但在這同時，你如果了解諸佛菩薩的慈悲願力，以利他之心來做祈請，加持力也將會非常廣大。」堪布如是開示。

在出書之際，儘管疫情在台灣已經趨緩，在境外許多地方卻仍在持續延燒中。不過凡事都是一體兩面，這場人類的災難，對於地球整體而言，也許是一個新的契機，畢竟在這段期間裡空汙變少了、河水變乾淨了、就連海龜都上岸產卵了。

札西堪布指出，非常時期對於修行人而言，是最實際的考驗，地球不是人類專屬的，眾生平等，我們是不是能夠尊重每一個生命？我們若能藉由此刻好好省思，並減低物慾，成為名副其實的修行人，這個體驗對於我們將具有極大的意義。

因此，後良和我也謹以本書做為誠摯的迴向，願疫情能夠早日平息，也願有緣一起同行的人、有緣閱讀此書的人、所有協助完成此書的人，以及一切如母眾生，皆能種下金剛種子，早日脫離輪迴，證得菩提果位。

【後記】

行願雪山

李後良

二〇一三年第一次踏上青藏高原時，就被壯麗的梅里雪山和藏民虔誠的信仰所憾動，不斷地在喜馬拉雅山脈上追尋雪山的身影，一路沿山南行，直到進入尼泊爾的聖母峰前，才甘願讓旅程劃下句點。

從那個時候開始，我和高原、雪山、喜馬拉雅山脈以及尼泊爾之間，似乎就牽起微妙的因緣，讓我魂縈夢繫、經常想要帶著相機重返喜馬拉雅山脈，希望自己能夠以一技之長，爲高原和藏傳佛教做一點貢獻。

爾後尼泊爾發生了大地震，讓我感到非常震驚，於是同年我再度隻身揹起背包、帶著相機重返尼泊爾，希望能夠以影像爲這塊滄桑的大地留下一些紀錄。只是冥冥中自有安排，從來沒想過自己竟會在這趟尼泊爾、印度的朝聖之旅中，認識現在的太太。回到台灣之後，我們從此開啓了在柴、米、油、鹽間打轉的育兒生活。

然而人生總是充滿未知的驚喜，這些年親帶孩子的生活，讓我一度以爲自己昔日的理想就快淪為空想，然而就在此時，怡青跟我提起這個努日拍攝的計劃，當時我的內心震撼不已，原來願力運轉的力量竟是如此眞實！

在此特別要感謝孩子的媽，即便我們的預算有限，還有許多現實的壓力必須面對，她依然義無反顧地支持我去完成再度前往雪山攝影的夢想。在這趟旅程中，我們還帶著當時年僅一歲半的兒子小昇昇一起前往尼泊爾和印度。感謝上天的庇佑，讓我能夠順利完成努日的拍攝，也讓小昇在旅途中一切平安。

在這次的努日行中，最大的收穫應該是有機會和札西堪布近身相處，從堪布全心為努日山區的村民以及身旁所有人奉獻的身影，我看到了人間菩薩的慈悲，他是眞正以身體力行，在實踐佛說的利益眾生。

這樣的感動，即便在努日行結束之後，依然深深烙印在我的心裡。感謝上天在德蘭薩拉給了我們家第二個孩子，儘管我們在返回台灣不久後，馬上就面臨了現實生活中養育二寶的挑戰，但如此美妙的緣起，也提醒著我們不因汲汲營營的日常，而忽視善願和善念的力量。

札西堪布曾說，親身踏入聖地可以消業障和累積福德。一個善願，讓我來到殊勝努日蓮師聖地，而我也願以此功德迴向給努日山區生活的人，以及所有需要幫助的人們。在書將發行的前際，全球正陷入新冠疫情帶來的動盪和恐慌，更需要善願和善念的延續。

橡樹林文化❖❖蓮師文集系列❖❖書目

JA0001	空行法教	伊喜・措嘉佛母輯錄付藏	260元
JA0002	蓮師傳	伊喜・措嘉記錄撰寫	380元
JA0003	蓮師心要建言	艾瑞克・貝瑪・昆桑◎藏譯英	350元
JA0004	白蓮花	蔣貢米龐仁波切◎著	260元
JA0005	松嶺寶藏	蓮花生大士◎著	330元
JA0006	自然解脫	蓮花生大士◎著	400元
JA0007/8	智慧之光 1/2	根本文◎蓮花生大士／釋論◎蔣貢・康楚	799元
JA0009	障礙遍除：蓮師心要修持	蓮花生大士◎著	450元

橡樹林文化❖❖朝聖系列❖❖書目

JK0001	五台山與大圓滿：文殊道場朝聖指南	菩提洲◎著	500元
JK0002	蓮師在西藏：大藏區蓮師聖地巡禮	邱常梵◎著	700元
JK0003	觀音在西藏：遇見世間最美麗的佛菩薩	邱常梵◎著	700元

橡樹林文化❖❖圖解佛學系列❖❖書目

JL0001	圖解西藏生死書	張宏實◎著	420元
JL0002X	圖解佛教八識	洪朝吉◎著	260元

橡樹林文化❖❖成就者傳紀系列❖❖書目

JS0001	惹瓊巴傳	堪千創古仁波切◎著	260元
JS0002	曼達拉娃佛母傳	喇嘛卻南、桑傑・康卓◎英譯	350元
JS0003	伊喜・措嘉佛母傳	嘉華・蔣秋、南開・寧波◎伏藏書錄	400元
JS0004	無畏金剛智光：怙主敦珠仁波切的生平與傳奇	堪布才旺・董嘉仁波切◎著	400元
JS0005	珍稀寶庫——薩迦總巴創派宗師貢嘎南嘉傳	嘉敦・強秋旺嘉◎著	350元
JS0006	帝洛巴傳	堪千創古仁波切◎著	260元
JS0007	南懷瑾的最後100天	王國平◎著	380元
JS0008	偉大的不丹傳奇・五大伏藏王之一 貝瑪林巴之生平與伏藏教法	貝瑪林巴◎取藏	450元
JS0009	噶舉三祖師：馬爾巴傳	堪千創古仁波切◎著	300元
JS0010	噶舉三祖師：密勒日巴傳	堪千創古仁波切◎著	280元
JS0011	噶舉三祖師：岡波巴傳	堪千創古仁波切◎著	280元
JS0012	法界遍智全知法王——龍欽巴傳	蔣巴・麥堪哲・史都爾◎著	380元
JS0013	藏傳佛法最受歡迎的聖者—— 瘋聖竹巴袞列傳奇生平與道歌	格西札浦根敦仁欽◎藏文彙編	380元
JS0014	大成就者傳奇：54位密續大師的悟道故事	凱斯・道曼◎英譯	500元

橡樹林文化 ❖❖ 善知識系列 ❖❖ 書目

JB0014X	觀照的奇蹟	一行禪師◎著	220元
JB0015	阿姜查的禪修世界——戒	阿姜查◎著	220元
JB0016	阿姜查的禪修世界——定	阿姜查◎著	250元
JB0017	阿姜查的禪修世界——慧	阿姜查◎著	230元
JB0018X	遠離四種執著	究給・企千仁波切◎著	280元
JB0019X	禪者的初心	鈴木俊隆◎著	220元
JB0020X	心的導引	薩姜・米龐仁波切◎著	240元
JB0021X	佛陀的聖弟子傳1	向智長老◎著	240元
JB0022	佛陀的聖弟子傳2	向智長老◎著	200元
JB0023	佛陀的聖弟子傳3	向智長老◎著	200元
JB0024	佛陀的聖弟子傳4	向智長老◎著	260元
JB0025	正念的四個練習	喜戒禪師◎著	260元
JB0026	遇見藥師佛	堪千創古仁波切◎著	270元
JB0027	見佛殺佛	一行禪師◎著	220元
JB0028	無常	阿姜查◎著	220元
JB0029	覺悟勇士	邱陽・創巴仁波切◎著	230元
JB0030	正念之道	向智長老◎著	280元
JB0031	師父——與阿姜查共處的歲月	保羅・布里特◎著	260元
JB0032	統御你的世界	薩姜・米龐仁波切◎著	240元
JB0033	親近釋迦牟尼佛	髻智比丘◎著	430元
JB0034	藏傳佛教的第一堂課	卡盧仁波切◎著	300元
JB0035	拙火之樂	圖敦・耶喜喇嘛◎著	280元
JB0036	心與科學的交會	亞瑟・札炯克◎著	330元
JB0037	你可以，愛	一行禪師◎著	220元
JB0038	專注力	B・艾倫・華勒士◎著	250元
JB0039X	輪迴的故事	堪欽慈誠羅珠◎著	270元
JB0040	成佛的藍圖	堪千創古仁波切◎著	270元
JB0041	事情並非總是如此	鈴木俊隆禪師◎著	240元
JB0042	祈禱的力量	一行禪師◎著	250元
JB0043	培養慈悲心	圖丹・卻准◎著	320元
JB0044	當光亮照破黑暗	達賴喇嘛◎著	300元

JB0045	覺照在當下	優婆夷　紀・那那蓉◎著	300元
JB0046	大手印暨觀音儀軌修法	卡盧仁波切◎著	340元
JB0047X	蔣貢康楚閉關手冊	蔣貢康楚羅卓泰耶◎著	260元
JB0048	開始學習禪修	凱薩琳・麥唐諾◎著	300元
JB0049	我可以這樣改變人生	堪布慈囊仁波切◎著	250元
JB0050	不生氣的生活	W. 伐札梅諦◎著	250元
JB0051	智慧明光：《心經》	堪布慈囊仁波切◎著	250元
JB0052	一心走路	一行禪師◎著	280元
JB0054	觀世音菩薩妙明教示	堪布慈囊仁波切◎著	350元
JB0055	世界心精華寶	貝瑪仁增仁波切◎著	280元
JB0056	到達心靈的彼岸	堪千・阿貝仁波切◎著	220元
JB0057	慈心禪	慈濟瓦法師◎著	230元
JB0058	慈悲與智見	達賴喇嘛◎著	320元
JB0059	親愛的喇嘛梭巴	喇嘛梭巴仁波切◎著	320元
JB0060	轉心	蔣康祖古仁波切◎著	260元
JB0061	遇見上師之後	詹杜固仁波切◎著	320元
JB0062X	白話《菩提道次第廣論》	宗喀巴大師◎著	500元
JB0063	離死之心	竹慶本樂仁波切◎著	400元
JB0064	生命真正的力量	一行禪師◎著	280元
JB0065	夢瑜伽與自然光的修習	南開諾布仁波切◎著	280元
JB0066	實證佛教導論	呂真觀◎著	500元
JB0067	最勇敢的女性菩薩——綠度母	堪布慈囊仁波切◎著	350元
JB0068	建設淨土——《阿彌陀經》禪解	一行禪師◎著	240元
JB0069	接觸大地—與佛陀的親密對話	一行禪師◎著	220元
JB0070	安住於清淨自性中	達賴喇嘛◎著	480元
JB0071/72	菩薩行的祕密【上下冊】	佛子希瓦拉◎著	799元
JB0073	穿越六道輪迴之旅	德洛達娃多瑪◎著	280元
JB0074	突破修道上的唯物	邱陽・創巴仁波切◎著	320元
JB0075	生死的幻覺	白瑪格桑仁波切◎著	380元
JB0076	如何修觀音	堪布慈囊仁波切◎著	260元
JB0077	死亡的藝術	波卡仁波切◎著	250元
JB0078	見之道	根松仁波切◎著	330元
JB0079	彩虹丹青	祖古・烏金仁波切◎著	340元
JB0080	我的極樂大願	卓千拉貢仁波切◎著	260元

JB0081	再捻佛語妙花	祖古·烏金仁波切◎著	250元
JB0082	進入禪定的第一堂課	德寶法師◎著	300元
JB0083	藏傳密續的真相	圖敦·耶喜喇嘛◎著	300元
JB0084	鮮活的覺性	堪千創古仁波切◎著	350元
JB0085	本智光照	遍智　吉美林巴◎著	380元
JB0086	普賢王如來祈願文	竹慶本樂仁波切◎著	320元
JB0087	禪林風雨	果煜法師◎著	360元
JB0088	不依執修之佛果	敦珠林巴◎著	320元
JB0089	本智光照一功德寶藏論　密宗分講記	遍智　吉美林巴◎著	340元
JB0090	三主要道論	堪布慈囊仁波切◎講解	280元
JB0091	千手千眼觀音齋戒一紐涅的修持法	汪遷仁波切◎著	400元
JB0092	回到家，我看見真心	一行禪師◎著	220元
JB0093	愛對了	一行禪師◎著	260元
JB0094	追求幸福的開始：薩迦法王教你如何修行	尊勝的薩迦法王◎著	300元
JB0095	次第花開	希阿榮博堪布◎著	350元
JB0096	楞嚴貫心	果煜法師◎著	380元
JB0097	心安了，路就開了： 讓《佛說四十二章經》成為你人生的指引	釋悟因◎著	320元
JB0098	修行不入迷宮	札丘傑仁波切◎著	320元
JB0099	看自己的心，比看電影精彩	圖敦·耶喜喇嘛◎著	280元
JB0100	自性光明——法界寶庫論	大遍智　龍欽巴尊者◎著	480元
JB0101	穿透《心經》：原來，你以為的只是假象	柳道成法師◎著	380元
JB0102	直顯心之奧秘：大圓滿無二性的殊勝口訣	祖古貝瑪·里沙仁波切◎著	500元
JB0103	一行禪師講《金剛經》	一行禪師◎著	320元
JB0104	金錢與權力能帶給你什麼？ 一行禪師談生命真正的快樂	一行禪師◎著	300元
JB0105	一行禪師談正念工作的奇蹟	一行禪師◎著	280元
JB0106	大圓滿如幻休息論	大遍智　龍欽巴尊者◎著	320元
JB0107	覺悟者的臨終贈言：《定日百法》	帕當巴桑傑大師◎著 堪布慈囊仁波切◎講述	300元
JB0108	放過自己：揭開我執的騙局，找回心的自在	圖敦·耶喜喇嘛◎著	280元
JB0109	快樂來自心	喇嘛梭巴仁波切◎著	280元
JB0110	正覺之道·佛子行廣釋	根讓仁波切◎著	550元
JB0111	中觀勝義諦	果煜法師◎著	500元

JB0112	觀修藥師佛——祈請藥師佛，能解決你的困頓不安，感受身心療癒的奇蹟	堪千創古仁波切◎著	450元
JB0113	與阿姜查共處的歲月	保羅・布里特◎著	300元
JB0114	正念的四個練習	喜戒禪師◎著	300元
JB0115	揭開身心的奧秘：阿毗達摩怎麼說？	善戒禪師◎著	420元
JB0116	一行禪師講《阿彌陀經》	一行禪師◎著	260元
JB0117	一生吉祥的三十八個祕訣	四明智廣◎著	350元
JB0118	狂智	邱陽創巴仁波切◎著	380元
JB0119	療癒身心的十種想——兼行「止禪」與「觀禪」的實用指引，醫治無明、洞見無常的妙方	德寶法師◎著	320元
JB0120	覺醒的明光	堪祖蘇南給稱仁波切◎著	350元
JB0121	大圓滿禪定休息論	大遍智　龍欽巴尊者◎著	320元
JB0122	正念的奇蹟（電影封面紀念版）	一行禪師◎著	250元
JB0123	一行禪師　心如一畝田：唯識50頌	一行禪師◎著	360元
JB0124	一行禪師　你可以不生氣：佛陀的情緒處方	一行禪師◎著	250元
JB0125	三句擊要： 以三句口訣直指大圓滿見地、觀修與行持	巴珠仁波切◎著	300元
JB0126	六妙門：禪修入門與進階	果煜法師◎著	360元
JB0127	生死的幻覺	白瑪桑格仁波切◎著	380元
JB0128	狂野的覺醒	竹慶本樂仁波切◎著	400元
JB0129	禪修心經——萬物顯現，卻不真實存在	堪祖蘇南給稱仁波切◎著	350元
JB0130	頂果欽哲法王：《上師相應法》	頂果欽哲法王◎著	320元
JB0131	大手印之心：噶舉傳承上師心要教授	堪千創古仁切波◎著	500元
JB0132	平心靜氣：達賴喇嘛講《入菩薩行論》〈安忍品〉	達賴喇嘛◎著	380元
JB0133	念住內觀：以直觀智解脫心	班迪達尊者◎著	380元
JB0134	除障積福最強大之法——山淨煙供	堪祖蘇南給稱仁波切◎著	350元
JB0135	撥雲見月：禪修與祖師悟道故事	確吉・尼瑪仁波切◎著	350元
JB0136	醫者慈悲心：對醫護者的佛法指引	確吉・尼瑪仁波切 大衛・施林醫生 ◎著	350元
JB0137	中陰指引——修習四中陰法教的訣竅	確吉・尼瑪仁波切◎著	350元
JB0138	佛法的喜悅之道	確吉・尼瑪仁波切◎著	350元
JB0139	當下了然智慧：無分別智禪修指南	確吉・尼瑪仁波切◎著	360元
JB0140	生命的實相——以四法印契入金剛乘的本覺修持	確吉・尼瑪仁波切◎著	360元
JB0141	邱陽・創巴仁波切 當野馬遇見馴師：修心與慈觀	邱陽・創巴仁波切◎著	350元

朝聖系列　JK0004

朝聖尼泊爾：走入蓮師祕境努日

文　　字／郭怡青
藏文翻譯／貝瑪慈寧、李秀梅
攝　　影／李後良
責任編輯／張嘉芳
業　　務／顏宏紋

總 編 輯／張嘉芳
出　　版／橡樹林文化
城邦文化事業股份有限公司
104台北市民生東路二段141號5樓
電話：(02)2500-7696　傳眞：(02)2500-1951
發　　行／英屬蓋曼群島商家庭傳媒股份有限公司城邦分公司
104台北市中山區民生東路二段141號2樓
客服服務專線：(02)25007718；25001991
24小時傳眞專線：(02)25001990；25001991
服務時間：週一至週五上午09:30　12:00；下午13:30　17:00
劃撥帳號：19863813　戶名：書虫股份有限公司
讀者服務信箱：service@readingclub.com.tw
香港發行所／城邦（香港）出版集團有限公司
香港灣仔駱克道193號東超商業中心1樓
電話：(852)25086231　傳眞：(852)25789337
Email: hkcite@biznetvigator.com
馬新發行所／城邦（馬新）出版集團【Cité (M) Sdn.Bhd. (458372 U)】
41, Jalan Radin Anum, Bandar Baru Sri Petaling,
57000 Kuala Lumpur, Malaysia.
電話：(603) 90578822　傳眞：(603) 90576622
Email：cite@cite.com.my

封面設計／周家瑤
內文排版／歐陽碧智
印　　刷／中原造像股份有限公司

初版一刷／2020年6月
ISBN／978-986-99011-2-3
定價／450元

城邦讀書花園
www.cite.com.tw
版權所有．翻印必究（Printed in Taiwan）
缺頁或破損請寄回更換

國家圖書館出版品預行編目（CIP）資料

朝聖尼泊爾：走入蓮師祕境努日 / 郭怡青文字. -- 初版. -- 臺北市：橡樹林文化，城邦文化出版：家庭傳媒城邦分公司發行，2020.06
面；　公分. --（朝聖系列；JK0004）
ISBN 978-986-99011-2-3（平裝）

1.朝聖　2.佛教修持　3.尼泊爾

224.9　　109007791

廣　告　回　函
北區郵政管理局登記證
北台字第10158號
郵資已付　免貼郵票

104 台北市中山區民生東路二段 141 號 5 樓

城邦文化事業股份有限公司
橡樹林出版事業部　收

請沿虛線剪下對折裝訂寄回，謝謝！

|橡|樹|林|

書名：朝聖尼泊爾：走入蓮師祕境努日　書號：JK0004

橡樹林文化

讀者回函卡

感謝您對橡樹林出版社之支持，請將您的建議提供給我們參考與改進；請別忘了給我們一些鼓勵，我們會更加努力，出版好書與您結緣。

姓名：＿＿＿＿＿＿＿＿＿＿ □女 □男 生日：西元＿＿＿＿＿＿年

Email：＿＿＿＿＿＿＿＿＿＿＿＿＿＿＿＿＿＿＿＿

●您從何處知道此書？

□書店 □書訊 □書評 □報紙 □廣播 □網路 □廣告 DM □親友介紹

□橡樹林電子報 □其他＿＿＿＿＿＿

●您以何種方式購買本書？

□誠品書店 □誠品網路書店 □金石堂書店 □金石堂網路書店

□博客來網路書店 □其他＿＿＿＿＿＿

●您希望我們未來出版哪一種主題的書？（可複選）

□佛法生活應用 □教理 □實修法門介紹 □大師開示 □大師傳記

□佛教圖解百科 □其他＿＿＿＿＿＿

●您對本書的建議：

＿＿＿＿＿＿＿＿＿＿＿＿＿＿＿＿＿＿＿＿

＿＿＿＿＿＿＿＿＿＿＿＿＿＿＿＿＿＿＿＿

＿＿＿＿＿＿＿＿＿＿＿＿＿＿＿＿＿＿＿＿

＿＿＿＿＿＿＿＿＿＿＿＿＿＿＿＿＿＿＿＿

＿＿＿＿＿＿＿＿＿＿＿＿＿＿＿＿＿＿＿＿

非常感謝您提供基本資料，基於行銷及客戶管理或其他合於營業登記項目或章程所定業務需要之目的，家庭傳媒集團（即英屬蓋曼群商家庭傳媒股份有限公司城邦分公司、城邦文化事業股分有限公司、書虫股分有限公司、墨刻出版股分有限公司、城邦原創股分有限公司）於本集團之營運期間及地區內，將不定期以MAIL訊息發送方式，利用您的個人資料於提供讀者產品相關之消費與活動訊息，如您有依照個資法第三條或其他需服務之業務，得致電本公司客服。

我已經完全瞭解左述內容，並同意本人資料依上述範圍內使用。

＿＿＿＿＿＿＿＿＿＿＿＿（簽名）

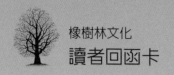

處理佛書的方式

佛書內含佛陀的法教，能令我們免於投生惡道，並且爲我們指出解脫之道。因此，我們應當對佛書恭敬，不將它放置於地上、座位或是走道上，也不應跨過。搬運佛書時，要妥善地包好、保護好。放置佛書時，應放在乾淨的高處，與其他一般的物品區分開來。

若是需要處理掉不用的佛書，就必須小心謹愼地將它們燒掉，而不是丟棄在垃圾堆當中。焚燒佛書前，最好先唸一段祈願文或是咒語，例如唵（OM）、啊（AH）、吽（HUNG），然後觀想被焚燒的佛書中的文字融入「啊」字，接著「啊」字融入你自身，之後才開始焚燒。

這些處理方式也同樣適用於佛教藝術品，以及其他宗教教法的文字記錄與藝術品。

ཡི་གེ་ཉི་ཤུ་རྩ་དྲུག་པ་འདི་དཔེ་ཆའི་ནང་དུ་བཞག་ན་དཔེ་ཆ་དེ་ཅི་འདྲར་

བགོམས་ཀྱང་ཉེས་པ་མི་འབྱུང་བར་འཛམ་དཔལ་རྩ་རྒྱུད་ལས་གསུངས་སོ། །

此咒置經書中　可滅誤跨之罪